우리 문화가
담긴
꽃과 나무

우리 문화가 담긴

꽃과 나무

양경말 · 김이은 글과 사진

황소걸음
Slow & Steady

머리말

> 나의 살던 고향은 꽃 피는 산골
> 복숭아 꽃 살구 꽃 아기 진달래……

'고향의 봄' 노랫말처럼 선생님은 꽃 피는 산골에서 어린 시절을 보냈어요. 마을 주변은 물론 집 마당 구석과 뒤뜰을 차지한 꽃과 나무는 지금도 눈에 선한 고향 마을 풍경이자 놀잇감이고, 군것질거리고 때로는 친구였지요.

 선생님이 되고 나서 자연이 선물한 즐거움과 행복을 어린이 여러분에게도 가르쳐 주고 싶었어요. 그래서 따로 '숲 해설'을 공부하고, 어린이가 좀더 쉽고 재미나게 자연을 접할 수 있도록 《학교 숲 생태 놀이》라는 책을 펴내기도 했지요.

 숲 해설을 공부하다가 주변에 흔한 꽃과 나무에 한민족의 정서와 문화가 담겨 있음을 알게 됐어요. 우리 조상이 아끼고 가꾼 꽃과 나무는 무엇일까? 왜 그랬을까? 궁금해서 자료를 찾아보고 여러 곳을 찾아가 강의를 듣기도 했지요. 특히 우리 나라 최초로 꽃과 나무의 특성과 재배 방법을 정리한 강희안의 《양화소록》과 서유구의 《임원경제지》가 큰 도움이 됐어요.

우리 조상은 그저 보고 즐기거나 열매와 목재를 얻기 위해 꽃과 나무를 심어 가꾸지 않았어요. 당시 선진국이던 중국의 영향도 받았지만, 우리 조상이 아끼고 가꾼 꽃과 나무에는 삶에서 만들어진 한민족 고유의 문화와 정서가 담겨 있어요. 인간의 욕망인 장수, 건강, 부귀, 출세를 식물의 생태적 특성과 연관지어 심고 가꿨죠. 어찌 보면 주변의 꽃과 나무는 조상의 생활과 가치관이 담긴 살아 있는 역사예요. 이런 의미를 알면 주변의 꽃과 나무가 새롭게 보인답니다.

어린이 여러분이 꽃과 나무에 관심을 가지고 자연을 마음껏 누리고 자라면 좋겠어요. 그런 어린이가 자연을 사랑하고 생명을 존중하는 행복한 어른이 되지 않을까요? 문화적 의미까지 안다면 삶이 더 풍요로운 어른으로 자라지 않을까요?

이 글을 완성하기까지 많은 분에게 도움을 받았어요. 사진작가 못지않게 실력 있는 친구 조말환과 민현홍 선생님, 김옥자 님이 필요한 사진을 주셨어요. 남편 안진홍은 꽃과 나무에 담긴 이야기를 찾아 떠나는 선생님과 어디든지 함께 다니며 지원을 아끼지 않았어요. 고맙습니다.

꽃마리 양경말

차례

머리말   4

한국을 상징하는 꽃과 나무

피고 지고 또 피어 무궁화	12
한국인의 기상 소나무	16
한국을 대표하는 잣나무	20
세계의 골든 벨이 된 개나리	24
대한 제국 황실을 상징한 오얏나무 꽃	28

집 안팎에 심은 꽃과 나무

출세와 다산을 바라는 마음 맨드라미	34
높은 벼슬에 오르기를 바라는 마음 접시꽃	38
손톱에 꽃물 들이던 봉선화	42
어머니를 상징하는 원추리	46
아침을 알리는 나팔꽃	50
안전한 울타리가 되는 탱자나무	54

우리 조상과 기쁨, 슬픔을 함께한 산과 들의 꽃과 나무

아홉 가지 덕목을 갖춘 민들레	60
어디에서나 쑥쑥 자라는 쑥	66
다양하게 쓰인 덩굴 식물 칡	70
지붕과 도롱이 재료 띠	74
열매도 꽃처럼 피는 목화	78
쌀밥 꽃이 피는 이팝나무	82
도토리가 열리는 참나무	86
틀린 이름에 오해까지 받은 아까시나무	90
방귀쟁이 뽕나무	94
맑은 소리 품은 오동나무	98
흉년에 백성을 살린 느릅나무	102

선비가 닮고 싶어 한 꽃과 나무 사군자

추위를 이기고 가장 먼저 피는 매화	108
고고한 선비 난초	112
서리 맞으며 홀로 피는 국화	116
사철 푸르고 곧게 자라는 대나무	120

양반이 보고 즐긴 꽃과 나무

양반 꽃 능소화	126
한국인의 정서가 담긴 진달래	128
겨울에 피어 송이째 떨어지는 동백꽃	132
여름내 꽃을 피우는 배롱나무	136
진흙 속에서 피어나는 연꽃	140
토종 백합 나리	144
꽃의 왕 모란	148
정승과 학자의 상징 회화나무	152
나무에 피는 연꽃 목련	156

마을 수호신 정자나무 이야기

우리 나라 대표 정자나무 느티나무	162
남부 지방 마을 지킴이 팽나무	166
살아 있는 화석 은행나무	170
건국 설화에 등장하는 버드나무	174

제사와 관련이 있는 나무 열매

왕을 상징하는 대추	180
삼정승을 상징하는 밤	184
육조 판서를 상징하는 배	188
팔도 관찰사를 상징하는 감	192
귀한 대접을 받은 앵두	196
차례상에 올린 살구	200
왕실 제사상에 올린 개암	204
제주의 중요한 진상품 감귤	208
신과 사람을 이어 주는 향나무	212
귀신을 쫓는 복사나무	216

한국을 상징하는
꽃과 나무

법률로 정하지 않았지만, 한국인은 한국을 상징하는 꽃은 무궁화, 한국을 대표하는 나무는 소나무라 생각해요.

이 장에서는 우리 민족을 상징하고, 한국인이 좋아하는 꽃과 나무 이야기를 들려 줄게요. 학교나 공원, 길가에서 만나기 쉬워도 무심히 지나쳐 온 꽃과 나무를 이번 기회에 자세히 알아보면 좋겠어요.

피고 지고 또 피어
무궁화

무궁화

학교 숲 체험 시간에 식물의 특징이 적힌 카드를 나눠 주고 해당하는 잎사귀 찾기를 했어요. 그런데 '무궁화 잎 찾아오기' 카드를 받은 학생이 무궁화를 모른다는 거예요. 나라꽃 무궁화를 모르다니…… 무척 당황했죠.

우리 나라 사람이라면 누구나 무궁화를 나라꽃이라 생각해요. 법률로 정하지 않았지만, 애국가 후렴 "무궁화 삼천리 화려 강산" 때문일 거예요. 정부와 국회, 각종 공문서에 무궁화

문양을 사용하는 이유는 태극기, 애국가와 함께 무궁화가 우리나라를 상징하기 때문입니다.

　옛날에 신라를 근화향이라고 했어요. '무궁화가 많은 땅'이라는 뜻이죠. 하지만 무궁화를 나라꽃으로 여기기 시작한 때는 일제 강점기예요. 외세에 나라를 빼앗길 위기에 처하자, 우리 민족의 자주 의식을 일깨우고자 애국가를 짓고 노랫말에 무궁화를 넣었어요. 그러자 일제는 무궁화 꽃가루가 부스럼이나 눈병을 일으킨다는 가짜 정보를 퍼뜨렸지요. 무궁화를 심지 못하게 하고, 심지어 무궁화를 캐 오는 학생에게 상을 주는 치사한 짓까지 했대요.

　새벽 5시쯤 피는 나팔꽃을 부지런하다고 하는데, 무궁화는 이보다 일찍 꽃을 피워요. 무궁화는 새벽 4시쯤 피기 시작해서 오후가 되면 꽃잎이 오므라들고 송이째 떨어지죠. 다음 날 아침에 핀 꽃은 모두 새롭게 피어난 꽃이에요. '무궁화 행진곡'에 "피고 지고 또 피어 무궁화라네"라는 노랫말이 있어요. 계속 피고 져서 없을 무(無), 다할 궁(窮), 꽃 화(花) 자를 쓰는 이름처럼 '다함이 없는 꽃'이죠.

　무궁화는 떨기나무로 공원이나 학교 울타리에 많이 심어요. 마름모꼴이나 달걀 모양 잎은 어긋나고, 가장자리에 불규칙한 톱니가 있죠. 꽃잎은 다섯 장으로 보이지만, 사실 아래쪽이 모두 연결된 통꽃이에요. 그래서 꽃이 질 때도 송이째 떨어져요.

무궁화 울타리

다양한 무궁화 품종

한 송이가 지면 다른 송이가 피어 7월부터 9월까지 꽃을 볼 수 있답니다.

무궁화는 여러 나라에서 색깔과 형태가 다양하게 품종을 개량했어요. 우리 나라에서 개량한 품종은 흰색을 좋아하는 배달민족을 닮았다고 순백색 배달계, 꽃잎 가운데 붉은 무늬(적단심)가 있는 단심계, 꽃잎 가장자리에 붉은 무늬가 있는 아사달계가 대표적이에요. 국립산림과학원에서 무궁화의 표준형을 정립하기 위해 설문 조사를 했어요. 그 결과 흰 꽃잎에 가운데가 붉은 백단심계와 분홍 꽃잎에 가운데가 붉은 홍단심계가 나라꽃으로 높은 지지를 받았대요.

한여름 뜨거운 햇볕 아래에서 피고 지고 또 피는 무궁화가 어려움에도 끈질기게 이어 온 강인하고 부지런한 우리 민족과 닮았다는 생각이 들어요. 꽃말도 '일편단심' '인내와 끈기'예요. 화려하지 않지만, 오랜 시간 우리 민족과 같이한 무궁화를 더욱 사랑하고 관심을 가지면 좋겠어요.

한국인의 기상
소나무

소나무 숲

소나무는 솔방울과 솔잎을 보고 짐작할 수 있듯이, '솔'과 '나무'를 합친 말에서 'ㄹ'이 떨어진 이름이에요. 2022년 산림청이 한국인이 좋아하는 나무가 무엇인지 설문 조사한 결과, 소나무라는 대답이 가장 많았어요. 단풍나무, 벚나무, 느티나무가 차례로 뒤를 이었죠. 우리 나라 사람은 무궁화를 나라꽃으로 여기듯, 소나무가 나라를 상징하는 나무라고 생각해요. 애국가 2절 노랫말 "남산 위에 저 소나무 철갑을 두른 듯 바람 서리 불

변함은 우리 기상일세" 때문이지 싶어요.

옛 선비들은 담장 안에 매실나무나 대나무를, 담장 밖에 소나무를 심었대요. 소나무를 보며 선비가 갖춰야 할 지조와 절개, 충절, 기상을 배우려 했죠. 《조선왕조실록》에도 궁궐과 왕릉 주변에 반드시 소나무를 심게 했다는 기록이 있어요. 이처럼 소나무는 예부터 우리 민족과 가까웠어요. '한국인은 태어나서 죽을 때까지 소나무와 함께한다'는 말이 있을 정도예요.

옛날에는 아기가 태어나면 삼칠일(21일) 동안 대문 위에 '금줄'을 쳤어요. 금줄은 '아기와 산모의 건강을 위해 외부 사람이나 잡귀의 출입을 금하는 줄'이라는 뜻이에요. 새끼줄로 만든 금줄에는 아들을 낳으면 숯과 붉은 고추를, 딸을 낳으면 숯과 생소나무 가지를 끼웠어요. 시체를 담는 관을 소나무로 만들고, 무덤 주위에 소나무를 심었으니 죽어서도 소나무와 함께하는 셈이죠.

소나무는 음식에도 많이 썼어요. 추석에 먹는 송편은 솔잎을 깔고 쪄요. 떡에 솔잎 향이 배어 향긋하고, 서로 들러붙지 않으며, 살균 효과가 있어서 오래 보관하기에 좋거든요. 소나무 꽃가루(송화)는 꿀이나 조청에 무쳐 먹고, 전통 과자인 다식을 만들기도 했어요. 송화는 설사를 멎게 하고, 기운을 나게 한다니 일종의 영양제인 셈이죠.

소나무는 우리 민족과 슬픔도 함께했어요. '똥구멍이 찢어지

소나무 암꽃

소나무 수꽃

바위 틈에서 자란 소나무

게 가난하다'는 말 들어 봤나요? 묵은 곡식이 떨어지고 햇보리는 여물지 않아 굶주리는 음력 4~5월을 보릿고개라고 했어요. 그 때 새로 나온 소나무 가지 속껍질을 벗겨 먹으며 굶주림을 견뎠는데, 변비가 생겨 항문이 찢어지는 일이 많았대요. 알고 보면 참으로 슬픈 속담이에요.

혹시 소나무에 'V 자' 모양으로 깊게 파인 상처를 본 적이 있나요? 이는 강점기에 일제가 연료로 사용하기 위해 송진을 채취한 흔적이에요. 소나무는 속담만큼이나 슬픈 역사의 상처를 안고 있죠.

소나무는 단단해서 휘거나 갈라지지 않고, 잘 썩지 않아 벌레가 없는 편이에요. 그래서 배를 만들거나 집 짓는 재료로 쓰고, 궁궐을 짓거나 임금의 관을 짤 때는 황장목이라는 질 좋은 소나무를 썼대요.

소나무가 늘 푸른 이유는 솔잎이 2년을 살기 때문이에요. 지지난해 태어난 잎이 올 가을에 떨어져도 해마다 새로 나는 잎이 있으니 항상 푸르게 보이죠. 소나무는 바위 틈이나 메마른 땅에서 견디는 힘이 강하지만, 햇볕이 충분해야 살 수 있어요. 그런데 참나무처럼 넓은잎나무 그늘에 가려 소나무가 점점 사라진대요. 자연의 순리라고 해도 소나무가 줄어드는 산을 볼 때마다 안타까워요.

한국을 대표하는
잣나무

잣나무 숲

K-문화 인기가 세계적으로 대단해요. K-나무 인기도 그 못지않았다는 사실을 아시나요? 주인공은 바로 잣나무예요. 신라 때는 잣나무를 중국으로 수출해 '신라송'이라 했고, 일본에서는 '조선 오엽송'이라 불렀을 정도로 우리 숲을 대표했어요. 중국 당나라로 유학 가는 신라 사람들은 선물용이나 학비에 보태기 위해 잣나무를 가져갔대요. 잣나무의 영어 이름 코리안 파인(Korean Pine)은 '한국산 소나무', 국제적으로 사용하는 생물

이름인 학명은 피누스 코라이엔시스(*Pinus koraiensis*)로 '한국 특산 소나무'란 뜻이죠.

  잣나무는 소나무 집안에서 맏형이에요. 씨(종자)가 가장 큰 소나무라고 '송자송(松子松)', 잎집 하나에 잎이 2~3개 모여나는 소나무와 달리 다섯 개가 모여나서 '오엽송', 목재가 붉은빛을 띠어 '홍송'이라고도 불렀어요.

  잣나무는 소나무보다 곧고, 추운 날씨에 잘 견디며, 높은 산에서도 잘 자라 변치 않는 충성심과 강인한 정신을 나타낸다고 봤어요. 중·고등 학생 때 배우는 향가 〈찬기파랑가〉에서 신라 화랑 기파랑의 됨됨이를 잣나무에 비유했지요.

  잣은 잣송이에 들어 있는 씨앗이에요. 왕실에서도 잣을 귀하게 여겨 궁궐 곳곳에 잣나무를 심었고, 잣으로 술을 담가서 마시기도 했대요. 《조선왕조실록》에 1411년(태종 11) 남산에 소나무와 잣나무를 심자고 건의한 내용, 잣을 지키기 위해 출입을 막았다는 내용이 있어요. 《동의보감》에는 잣을 '해송자'라고 하며, "오장을 좋게 하여 허약하고 여위어 기운이 없는 것을 보충한다"고 나와요. 잣은 성질이 따뜻해서 기침과 가래를 다스리는 데나 허약한 사람에게 도움이 된대요. 요즘도 잣을 수정과, 식혜, 강정 등 다양한 요리에 쓰죠. 잣죽은 소화가 잘돼 아플 때 회복 음식으로 먹어요.

  '잣불'은 대보름 전날 밤, 속껍질을 벗긴 잣 열두 개를 바늘이

어린 잣나무 열매

잣송이와 잣

잣나무 껍질

나 솔잎에 꿰어 불을 붙이고 열두 달 운수를 알아보는 민속 놀이예요. 불이 밝을수록 운수가 좋다고 믿었대요.

잣나무는 열매만 귀한 대접을 받은 게 아니에요. 향기와 재질이 좋고 곧게 자라서 목재로도 으뜸이라, 해인사《팔만 대장경》경판을 보관하는 건물(수다라장)의 기둥 가운데 상당수가 잣나무래요.

우리 조상이 잣나무와 잣을 으뜸으로 여긴 이유를 알겠지요? 가평은 우리 나라에서 잣이 가장 많이 나는 곳이에요. 일제 강점기부터 산이 많고 잣나무가 자라기 좋은 가평에 숲을 만들었거든요. 오래 된 잣나무 숲은 아름답고, 잣나무가 뿜어내는 피톤치드로 가득해요.

세계의 골든 벨이 된
개나리

개나리꽃

미국 애플에서 2024년 아이패드 프로 모델을 발표하며 코드명이 '개나리(Gaenari)'라고 했어요. '개나리는 골든 벨 모양 꽃이 피는 한국의 나무'라는 설명도 덧붙였지요. 개나리는 한국 특산종이라 학명도 포르시시아 코레아나(*Forsythia Koreana*)예요. 한국 특산종은 '지구상에서 우리 나라에만 자라는 품종'을 뜻해요.

  전세계로 퍼져 나간 개나리는 미국인이 개량한 한국 개나리의 후손으로, 다른 나라에서는 '골든 벨'이라 불러요. 우리 나라가 꽃이나 나무에 관심이 별로 없을 때, 다른 나라 사람들이 우리 토종 식물을 가져가 개량해서 새로운 꽃과 나무를 만들었어요. 그렇게 개량한 꽃과 나무를 우리가 다시 수입하다 보니 경제적으로 손해가 커요.

개나리는 진달래와 함께 봄 소식을 전하는 대표적인 식물이에요. "나리 나리 개나리 입에 따다 물고요"라는 노랫말에서 보듯이, 개나리는 '개'와 '나리'를 합친 이름이랍니다. 개는 '질이 떨어지는'이라는 뜻이고, 나리는 '백합과 같은 참나리'를 가리켜요. 참나리에 비해 볼품이 없어 개나리라고 했지요. 주황색 꽃이 크게 피는 나리와 작고 샛노란 꽃이 피는 개나리는 크기, 색깔 등에서 차이가 커요. 어떻게 같은 집안도 아닌 나리와 개나리를 비교했는지 의문이 들 정도예요. 아마 통꽃이고 꽃부리 끝이 네 갈래로 갈라진 모양이라는 공통점이 있어서 그랬을 거라 짐작해요.

개나리꽃은 수술 두 개와 암술 한 개가 함께 있어요. 암술이 수술보다 짧은 꽃을 단주화, 암술이 수술보다 긴 꽃을 장주화라고 해요. 장주화가 딴꽃가루받이에 유리하지만, 우리가 만나는 개나리꽃은 대개 단주화입니다. 꽃이 크고 색이 진해서 화사한 느낌이 나는 단주화를 주로 심었기 때문이에요. 개나리는 씨앗보다 꺾꽂이로 번식시키거든요. 그래서 개나리 열매도 보기 어려워요.

단주화

장주화

개나리 꽃말이 '희망'이에요. 기쁜 봄 소식을 전하며 새로운 시작과 희망을 뜻해서 개나리를 교화로 지정한 학교가 많아요. '봄나들이' '꼬까신' 등 개나리와 관련된 동요도 많지요. 어찌 보면 우리 나라를 대표하는 꽃이라고 할 수 있어요.

벚나무, 진달래, 개나리, 목련, 산수유, 생강나무 등 봄꽃을 피우는 나무는 대개 꽃이 지고 잎이 나와요. 생명력이 강해서 가지를 꺾어 꽂아 놓기만 해도 잘 자라고요. 개나리처럼 살면서 힘든 일이 있어도 희망을 잃지 않았으면 좋겠어요.

대한 제국 황실을 상징한
오얏나무 꽃

오얏꽃(토종)

'과전불납리 이하부정관(瓜田不納履 李下不整冠)'이라는 고사성어가 있어요. '오이밭에서는 신발을 고쳐 신지 말고, 오얏나무 밑에서는 갓을 고쳐 쓰지 말라'는 말이에요. 괜히 남에게 오해를 받거나 의심 살 만한 짓은 삼가라는 뜻이죠. 오얏나무가 바로 자두나무입니다. 오얏이 자두의 순 우리말이거든요. 오얏을 '붉은 복숭아'라는 뜻으로 자도(紫桃)라 부르다가 자두가 됐어요.

자두는 복숭아와 함께 《삼국사기》〈백제본기—온조왕〉 편에 처음 나와요. 하지만 토종 자두나무는 대부분 사라졌고, 우리가 지금 보는 자두나무는 서양자두와 미국자두나무라고 해요.

오얏은 조선과 관련이 있어요. 신라 말기 승려이자 풍수 지리설의 대가로 알려진 도선 국사가 "500년 뒤 한양(서울)에 오얏 이(李)씨가 나라를 세우고 왕이 될 것"이라고 예언했대요. 고려 왕실은 그 예언을 막고자 오얏나무를 모두 베라 했고요. 결국 오얏 이씨인 이성계가 조선 왕조를 건국했어요. 하지만 《태조실록》에 개국 공신들이 "오얏나무는 근본이 튼튼하고 뿌리가 깊다"고 찬양한 기록이 있을 뿐, 조선을 상징하는 문양이나 그림 소재로 사용된 기록은 없어요.

오얏나무 꽃이 등장한 것은 대한 제국 때인 1897년이에요. 대한 제국은 1897년 8월부터 국권을 일본에 빼앗긴 1910년 10월까지 우리 나라 국호예요. 고종은 일본의 조종에 따라 청(중국)의 내정 간섭에서 벗어나 근대 국가의 기틀을 마련한다는 명분으로 1897년 대한 제국을 선포했어요. 이 때 국제 사회에 대한 제국 황실을 상징하는 문장으로 오얏나무 꽃을 사용했지요. 대한 제국의 인장이 찍힌 칙서나 정부의 문서 등에 태극기와 함께 오얏나무 꽃이 있어요. 중국의 영향을 받은 모란이나 용 대신 조선 왕조와 관련 있는 오얏나무 꽃 문양을 사용해 독립국임을 알리고, 황실의 권위를 강화한 문장으로 삼은 거예

오얏(자두)

꽃 핀 오얏나무(창덕궁)

요. 황실을 상징하는 오얏나무 꽃 문양이 공식화되고 우표나 화폐, 훈장, 황제의 의복, 대한 제국 군복, 황실 용품 등에 두루 쓰였어요.

일제 강점기에 무궁화가 독립운동 정신을 상징했다면, 오얏나무 꽃은 대한 제국 시기에 황실을 상징한 문장이에요. 13년 동안 존재한 대한 제국 역사의 중심지인 덕수궁에는 오얏나무 꽃 문양이 새겨진 곳이 많아요. 덕수궁에 가면 오얏나무 꽃 문양을 찾아보세요.

집 안팎에 심은
꽃과 나무

아빠하고 나하고 만든 꽃밭에
채송화도 봉숭아도 한창입니다

어효선 님이 지은 동요 '꽃밭에서' 앞부분 노랫말이에요. 예전에는 마당 한쪽에 아기자기한 꽃밭을 가꾼 집이 많았어요. 그 꽃밭에 맨드라미와 채송화, 분꽃, 접시꽃, 과꽃, 원추리, 봉선화 들이 피었지요.

이 장에서는 오래 전부터 우리 마당이나 울타리를 장식하며, 생활 속에 자연스럽게 자리 잡은 꽃과 나무 이야기를 들려 줄게요. 사람들은 꽃과 나무의 특성을 인간의 삶과 연결지어 다양한 상징과 이야기를 만들었어요. 때로는 재미있고, 때로는 신비로운 이야기도 있답니다.

출세와 다산을 바라는 마음
맨드라미

장독대 곁 맨드라미

옛날 사람들은 집 울타리 밑이나 장독대 곁에 꼭 맨드라미를 심었어요. 왜 그랬을까요?

사극에서 나랏일을 하는 사람을 '벼슬아치'라고 부르는 말 들어 봤지요? 벼슬이라는 말은 닭 볏에서 유래했다고 해요. 그래서 옛날 사람들은 닭 볏을 닮은 맨드라미를 보며 자녀가 벼슬길에 나가기를 바랐어요.

맨드라미는 신사임당의 그림에 등장하고, 민화에서도 쉽게 볼 수 있어요. 수탉과 맨드라미를 함께 그린 '관상가관도(冠上加冠圖)'는 '벼슬 위에 벼슬을 더하다'라는 뜻이에요. 점점 높은 벼슬에 오르기를 바라는 마음이 담긴 그림이지요. 사람들은 과거에 급제해 벼슬길에 나가기를 꿈꾸며 닭과 맨드라미 그림을 방 안에 걸었대요. 조선 시대에는 과거에 급제해 관직을 받는 것을 '출세'라고 했어요. 과거 급제가 선비들이 세상에 나가는 (출세하는) 유일한 길이었고요.

맨드라미가 특별한 까닭은 또 있어요. 맨드라미는 한해살이풀로 100센티미터 가까이 곧게 자라고, 건조한 땅에서도 싹을 틔워요. 열매는 익으면 갈라져, 작고 검은 씨가 다닥다닥 붙어 밖으로 나와 있는 모습이 보여요. 환경이 별로 좋지 않아도 싹을 틔우고 열매를 많이 맺어, 다산(자녀를 많이 낳다)을 상징하기도 해요.

맨드라미를 장독대 근처에 심은 이유도 흥미로워요. 옛날 사람들은 붉은색이 잡귀를 물리친다고 믿었어요. 붉은빛이 도는 맨드라미가 지네같이 해로운 곤충이 접근 못 하게 해 줄 거라고 여겼지요. 이 이야기는 맨드라미 전설에서도 알 수 있어요.

쌍희는 늙은 어머니를 모시고 산기슭에 살았어요. 하루는 나무하러 갔다가 늦어서 밤길을 서둘러 내려오는데, 여인이 울고 있었어요. 여인은 산 너머 친척 집에 초상이 나서 갔다가 돌아오는 길에 밤이 늦어 길을 잃었대요. 쌍희는 여인을 집으로 데려가서 하룻밤 묵게 했어요.

이튿날 여인은 일찍 일어나서 식사 준비를 거들었어요. 그런데 집에서 오래 기른 붉은 수탉이 미친 듯이 날뛰며 여인을 쪼아 대는 거예요. 쌍희가 닭을 쫓았지만, 여인은 너무 놀라 기절하고 말았어요.

며칠 뒤 쌍희의 지극한 간병으로 기운을 차린 여인이 집에 돌아가겠다고 했어요. 쌍희가 고갯마루까지 바래다 주는데, 여인이 돌연 사나운 지네로 변하더니 입에서 독을 내뿜었어요. 산 속 동굴에 숨어 살면서 많은 사람을 해친 지네가 여인으로 변신한 거였죠. 지네가 독을 맞고 기절한 쌍희의 피를 빨려고 달려든 순간, 붉은 수탉이 와서 지네를 죽이고 수탉도 지쳐 숨을 거뒀어요.

지네가 쌍희를 해치고자 했으나, 수탉의 방해로 뜻을 이루지 못했지요. 한참 만에 깨어난 쌍희는 자신을 구하고 죽은 수탉을 정성스레 묻어 줬어요. 얼마 뒤 무덤 둘레에 수탉이 환생한 듯 닭 벗을 닮은 붉은색 꽃이 피어났어요. 사람들은 이 꽃을 '계관화(鷄冠花)'라고 불렀대요.

어쩌면 장독대나 담 밑에 맨드라미를 심는 풍속은 쌍희 전설에서 비롯했는지 몰라요.

맨드라미는 일상에도 쓰였어요. 어린순은 나물로 먹고, 꽃은 궁중에서 떡을 만들 때 꽃물을 들이거나 염색할 때 사용했다는 기록이 있어요. 어린 시절 선생님 어머니가 백설기를 만들 때, 맨드라미를 뜯어 오라고 했어요. 맨드라미 꽃 이삭은 고급스럽고 부드러운 옷감 느낌이 나서 한참을 씻었지요. 어머니는 그 빨간 꽃을 잘게 잘라 하얀 떡가루 위에 뿌렸어요. 맨드라미 꽃 조각을 몇 개 얹기만 해도 새하얀 떡에 빨간 물이 들어서 얼마나 먹음직스러웠는지 몰라요.

또 맨드라미 꽃은 식중독과 설사를 막아 줘요. 맨드라미 씨와 꽃은 한방에서 약재로 쓰고, 꽃차로 마시기도 해요.

높은 벼슬에 오르기를 바라는 마음
접시꽃

접시꽃

접시꽃 첫해

접시꽃은 봄이나 여름에 씨앗을 심으면 첫해에는 잎만 나고, 이듬해 줄기를 키우면서 꽃을 피우는 두해살이풀이에요. 꽃은 홑꽃과 겹꽃이 있고, 색깔은 진분홍색과 분홍색, 흰색 등이에요. 꽃잎은 다섯 장으로 비교적 오래 피어요. 사진으로 꽃만 보면 영락없이 무궁화를 닮았어요. 무궁화와 같은 아욱과라서 그런가 봐요.

　우리 조상은 울타리 안에 키가 담장보다 높이 크는 접시꽃을 심었어요. 위로 반듯하게 올라가며 피는 접시꽃처럼 자식이 높은 벼슬에 오르기를 바라는 마음을 담아서요. 접시꽃을 대문 앞에 심어 가꾸는 이유가 담긴 전설도 있어요.

옛날 화왕(꽃나라 왕)이 세상의 모든 꽃을 보고 싶었어요. 그래서 궁궐 뜰에 꽃밭을 크게 만들고 세상에 있는 모든 꽃을 불러들였지요.

이 무렵 중국 서쪽에 있는 나라에는 옥황 상제의 명을 받고 세상의 모든 꽃을 심고 가꾸는 꽃 감관(꽃밭을 관리하는 신하)이 있었어요. 그가 잠시 자리를 비웠다가 돌아오니 꽃으로 가득하던 산과 들이 텅 비고, 아무리 불러도 대답조차 들리지 않았어요. 그토록 정성을 다해 가꿨는데 화왕의 꽃밭으로 몰래 떠난 꽃들이 원망스러웠지요.

이 때 울타리 밑에서 접시꽃이 방긋 웃으며 얼굴을 내밀었어요. 접시꽃에게 왜 떠나지 않았느냐고 묻자, "모두 가 버렸으니 저라도 남아서 집을 지켜야지요"라고 대답했대요.

꽃 감관은 고맙고 반가웠어요. 참으로 사랑해야 할 꽃은 접시꽃이라고 생각했지요. 그 때부터 접시꽃은 대문을 지키는 사랑 받는 꽃이 됐어요.

키 큰 접시꽃

접시꽃은 언제부터 우리 곁에 있었을까요? 신라 시대 최치원이 〈촉규화〉라는 시를 썼는데, 촉규화가 바로 접시꽃이에요. 신라 시대에 있었다니 우리와 오래 함께한 식물이죠. 꽃이 접시처럼 생겼다고, 열매에 든 씨앗이 접시를 닮아서 접시꽃이라고도 해요. 꽃과 열매 중 무엇을 보고 이름을 붙였을까 자세히 보세요.

조선 시대 어사화가 접시꽃을 소재로 했다는 이야기가 있어요. 어사화는 임금이 과거에 급제한 사람에게 내린 꽃이에요. 하지만 김홍도가 그린 '삼일유가'나 국가민속문화유산으로 지정된 정온가의 유품을 보면 어사화는 청색과 황색, 홍색 종이꽃을 사용했다는 것뿐, 실제 어떤 꽃인지 판단하기 어려워요.

손톱에 꽃물 들이던
봉선화

담장 아래 봉선화

울 밑에서 선 봉선화야 네 모양이 처량하다

1920년에 발표된 김형준 작사, 홍난파 작곡 '봉선화'는 나라 잃은 우리 민족의 슬픔을 고스란히 느낄 수 있는 가곡이에요. 1940년대 초에는 반일 사상이 담겼다고 일제가 금지했대요.

선생님은 봉선화가 피면 손톱에 꽃물을 들이던 어린 시절이 떠올라요. 어머니, 언니들이랑 봉선화 꽃과 잎사귀, 백반을 찧어 손톱에 올린 다음 비닐로 싸고 실을 감아요. 그 날 밤은 손가락이 아파도 참고, 실이 풀릴까 봐 잠을 설치기도 했지요.

꽃물이 곱게 든 손톱을 보며 설레는 마음으로 첫눈을 기다렸어요. 첫눈이 올 때까지 손톱에 꽃물이 있으면 첫사랑이 이뤄진다고 했거든요. 요즘도 화단에 봉선화를 심고 추억을 되새기며 손톱에 꽃물을 들여요. 손톱에 물들이는 풍습은 고려 충선왕 때 봉선화에 얽힌 유래에도 나오고, 조선 시대 작품에 자주 보여요. 꽤 오래 된 풍습이지요?

우리 조상은 울타리에 봉선화를 많이 심었어요. 봉선화가 뱀이나 잡귀를 쫓아 낸다고 믿었기 때문이에요. 어린이에게 봉선화 꽃물을 들여 준 이유도 나쁜 기운을 물리치고 병을 막기 위해서였죠. 옛날 사람들은 귀신이 붉은색을 두려워한다고 생각했어요.

뱀에게 물렸을 때는 봉선화 줄기를 찧어 붙이거나, 봉선화 씨앗이나 줄기를 달여 먹었대요. 뱀이나 벌레가 봉선화 냄새를 싫어해 '금사화(禁蛇花)'라고 불렸다고 해요. 사실일까요? 선생님 경험에 따르면 그렇지도 않아요. 박각시나방 애벌레가 봉선화 잎을 거의 다 먹기도 하고, 봉선화를 심은 울타리에 뱀이 나타나 소스라치게 놀란 적이 있거든요.

봉선화는 한해살이풀로 키가 40~60센티미터 자라요. 꽃과 비슷한 색을 띠는 줄기에 마디가 두드러지고, 어긋나는 잎 가

장독대 곁 봉선화

물봉선

장자리에 날카로운 톱니가 있어요. 가지 사이에서 꽃이 피면 머리와 날개, 꼬리와 발을 우뚝 세우고 나는 봉황과 닮았다고 붙은 이름이에요. 흔히 '봉숭아'라고도 하죠.

 봉선화는 동남 아시아가 고향이에요. 봉선화와 사촌인 물봉선은 우리 땅에서 나고 자라요. 늦여름에 산길을 가다 보면 습기가 많은 곳이나 물 흐름이 느린 계곡에서 봉선화와 닮은 물봉선이 자주 눈에 띄어요. 봉선화보다 화려하지 않지만, 자주색 점이 박힌 꽃이 참 예뻐요.

어머니를 상징하는
원추리

원추리

여름 풀숲에서 목을 길게 빼고 핀 원추리 꽃을 보면 어머니가 생각나요. 어머니는 집 뜰에서 자라는 원추리 잎을 베어 나물을 무치거나 된장국을 끓여 주셨어요. 원추리 잎으로 무친 넘나물은 단맛과 감칠맛이 났어요.

　《홍길동전》을 쓴 허균은 음식을 품평한 《도문대작》이라는 책도 남겼어요. 이 책에서 끓는 물에 데쳐 식초, 소금, 기름에 무친 넘나물(황화채)을 송이보다 맛난 음식으로 꼽았지요. 도문대작(屠門大嚼)은 '소나 돼지를 잡는 푸줏간 앞을 지나면서 입맛을 다신다'는 뜻이에요.

원추리를 '모애초(母愛草)'라고도 해요. '어머니의 사랑을 닮은 풀'이라는 뜻이지요. 가을이 지나면서 마른 잎이 겨울부터 새싹이 자랄 때까지 싹을 덮어 주고 나중에는 거름 역할을 하는데, 이 모습이 어머니가 아기를 보호하는 모습과 닮았기 때문이에요.

옛날에 당나라 태종 어머니가 생전에 머물던 집 뜰에 원추리를 가득 심었는데, 그 집을 '훤당(萱堂)'이라고 불렀대요. 훤(萱)은 원추리를 뜻해요. 원추리 이름 유래는 훤초 → 원초 → 원추로 보고 있어요.

원추리를 '망우초(忘憂草)'라고도 해요. '근심이나 걱정을 잊게 하는 풀'이라는 뜻이에요. 우리말로는 '근심 풀이 풀'인데, 전해 내려오는 이야기가 있어요.

> 옛날에 부모님이 한꺼번에 돌아가신 형제가 있었어요. 형은 슬픔을 잊기 위해 부모님 무덤 가에 원추리를 심고, 동생은 부모님을 잊지 않으려고 난초를 심었어요. 형은 슬픔을 잊고 열심히 일했지만, 동생은 슬픔이 깊어져서 병이 났어요.
> 어느 날 동생 꿈에 부모님이 나타나 말씀했어요.

원추리

"사람은 슬픔을 잊을 줄도 알아야 하느니라. 너도 원추리를 심고 우리를 잊어다오." 그래서 동생도 부모님 무덤 가에 원추리를 심고 슬픔을 잊었대요.

이 이야기 때문인지 원추리와 관련한 풍습도 많아요. 예전에는 근심을 잊으라고 원추리를 선물하기도 하고, 경기 지방에서는 대보름날 한 해의 근심을 없애기 위해 원추리로 국을 끓여 먹었어요. 임신한 부인이 원추리 꽃봉오리를 몸에 지니고 다니면 아들을 낳는다는 말은 중국 주나라 풍습이 우리 나라에 전해진 거예요.

원추리 이름 유래나 관련한 풍습은 꽃의 특성 때문이 아닌가 싶어요. 원추리는 꽃줄기에 노란 꽃봉오리가 6~8개 달리는데, 꽃이 하루밖에 가지 않아요. 영어 이름은 '데이 릴리(day lily)', 꽃말도 '하루의 아름다움'이에요. 꽃 한 송이는 아침에 피었다가 저녁에 시들지만, 같은 꽃줄기에서 6~8송이가 계속 피어나니 근심을 버리고 내일을 기다리라는 뜻이 아닐까요?

아침을 알리는
나팔꽃

나팔꽃 덩굴

아빠가 매어 놓은 새끼줄 따라
나팔꽃도 어울리게 피었습니다

 동요 '꽃밭에서' 노랫말처럼 나팔꽃은 주변의 물체를 감고 자라는 덩굴 식물이에요. 시계 반대 방향으로 감는 습성이 있고, 시계 방향으로 감아도 원래대로 돌아가요. 덩굴에 난 털은 벌레를 막고, 물체를 감을 때 잘 고정되게 해 줘요.

7~8월에 피는 나팔꽃은 보통 남색이지만, 붉은색과 자주색, 흰색 등 여러 가지 색깔이 있어요. 지난해에는 남색 꽃이었는데, 올해는 그 자리에 남색부터 알록달록한 꽃, 붉은색 꽃이 피기도 해요. 어찌 된 일인지 찾아보니 꽃가루받이 할 때 다른 품종을 선택하는 습성이 있어서, 해마다 잎 모양이나 꽃 색깔이 들쑥날쑥하대요. 그래서 별명이 '바람둥이 꽃'이라는데, 선생님이 보기에는 요술쟁이 같아요.

나팔꽃은 이른 새벽에 꽃봉오리가 터지기 시작해서 아침에 활짝 피었다가, 오후가 되면 꽃잎이 오므라들며 시들어요. 영어 이름도 '모닝 글로리(morning glory)'입니다. 꽃은 부지런하지만, 열매는 게으름뱅이예요. 꽃이 지고 한참 지나 겨울에야까만 씨앗이 완전히 익어서 땅에 떨어지거든요.

옛날에는 나팔꽃 씨앗이 귀한 약재로 쓰여 널리 재배했어요. 어떤 사람이 나팔꽃 씨앗의 치료 효과가 뛰어난 것을 보고 소를 끌고 와서(견우) 씨앗 한 말(약 18리터)과 바꿨대요. 그래서 나팔꽃 씨앗을 '견우자'라고도 했다네요. 믿기 어려운 이야기지만, 옛날에는 소가 지금보다 귀한 대접을 받았으니 그만큼 효과가 뛰어나다는 뜻이 아닌가 싶어요.

볶은 씨앗을 넣고 달인 물을 마시면 폐가 튼튼해지고, 소변과 대변이 잘 나온대요. 천식이나 기생충을 없애는 데도 좋고요. 나팔꽃 씨앗에는 독성이 조금 있어요. 함부로 사용하면 위

나팔꽃 덩굴

눈 위에 떨어진 나팔꽃 씨앗

험할 수 있으니 조심해야 해요.

　나팔꽃은 환경이 얼마나 오염됐는지 알려 주는 식물(지표 식물)이기도 해요. 오존이나 이산화황 같은 물질에 잎이 민감하게 반응해서 붉은 반점이 생기는데, 그래도 꾸준히 자라기 때문에 시간 변화에 따른 대기 오염 정도를 알 수 있어요. 최근에는 자동차 배기가스 같은 스모그를 측정하는 데, 공해 측정기보다 나팔꽃이 효과적이라는 연구 결과도 나왔어요.

안전한 울타리가 되는
탱자나무

탱자나무 울타리

지나 버린 어린 시절 그 어릴 적 추억은
탱자나무 울타리에 피어 오른다.

'이사 가던 날'(1976년) 노랫말이에요. 선생님은 탱자나무만 보면 이 노래를 흥얼거리게 돼요.

예전에는 탱자나무를 심어 울타리로 삼은 집이 많았어요. 떨기나무라 너무 크게 자라지 않고, 가시가 억세서 도둑이나 짐승을 막기에 적합하거든요. 과학이 발달하지 않은 옛날에는 가시 있는 나무가 귀신을 막아 준다고 생각하기도 했어요.

강화도에는 외적의 침입을 막기 위해 성을 쌓고, 성벽을 따라 탱자나무를 심었어요. 세월이 지나면서 대부분 죽고 현재 살아 남은 강화 갑곶리 탱자나무와 사기리 탱자나무가 천연기념물로 지정돼 보호 받고 있어요. 어른 손가락보다 길고 빈틈없이 얽히고설킨 날카로운 가시를 뚫고 들어올 적은 아무도 없을 것 같아요. 그러니 탱자나무가 병사 역할을 톡톡히 한 셈이지요. 따뜻한 지역에서 잘 자라는 탱자나무가 북쪽 한계선인 이 곳에 지금까지 꿋꿋이 살아 남아 역사의 증인이 되고 있어요.

탱자나무는 꽃이 잎보다 먼저 피고, 상큼한 꽃 향기가 멀리 퍼져요. 잎 모양이 독특한데, 잎 하나에 작은 잎 세 장이 달렸어요. 잎과 잎 사이 잎자루에는 좁다란 날개가 있고요. 줄기와 가시 모두 초록색이에요. 탱자나무 가시로 다슬기를 빼 먹고, 종기를 찔러 고름을 짜기도 했어요.

가을이면 파란 하늘을 배경으로 노란 탱자가 달린 모습이 운치 있어요. 탱자는 표면에 부드러운 털이 많고, 향기가 좋으나 먹을 순 없어요. 신맛이 식초 저리 가라 할 정도예요. 녹색 열

강화 갑곶리 탱자나무(천연기념물)

탱자나무 꽃과 잎

탱자

매 말린 것을 '지실', 노랗게 익은 열매 말린 것을 '기각'이라고 하며, 과일보다 한약재로 써요.

  탁구공만 한 탱자는 저글링에 안성맞춤이에요. 놀이가 끝나도 손바닥에 은은한 향기가 남아서 좋아요.

  요즘 나오는 귤에는 씨앗이 없지요? 씨앗이 있다 해도 심으면 귤나무가 아니라 탱자나무가 자라요. 탱자나무를 바탕 나무로 해서 귤나무를 접붙이기 했기 때문이에요.

우리 조상과 기쁨, 슬픔을 함께한
산과 들의 꽃과 나무

옛날에는 흉년이 들면 먹을거리가 부족해서 굶주리거나, 심지어 굶어 죽는 사람도 많았어요. 오죽하면 나라에서 풀뿌리와 나무껍질 먹는 방법을 알려 주는 《구황촬요》라는 책까지 펴냈을까요?

누가 심지 않았어도 산과 들에 자라며 오랫동안 우리 조상의 먹을거리가 되고, 놀잇감이 된 꽃과 나무가 있어요. 우리 민족의 고단한 삶을 이어 가게 도와 준 고마운 존재죠. 이런 식물 이름만 알아도 의미 있지 않을까요?

아홉 가지 덕목을 갖춘
민들레

민들레 씨앗

봄부터 가을까지 어디에서든 흔하게 피는 민들레꽃을 모르는 사람은 없을 거예요. 키가 작다 보니 '앉은뱅이 꽃'이라고 부르기도 했어요. '-뱅이'는 단어 끝에 붙어 어떤 습관이나 성질, 모양을 가진 사람을 낮게 이르는 말이에요. 하지만 예부터 민들레의 습성에 비유해 '구덕초' 혹은 '포공구덕'이라고도 불렀어요. '아홉 가지 덕목을 갖춘 식물'을 뜻해요. 서당 마당에 민들레를 심어 글을 배우는 어린 제자들이 날마다 보면서 인성을 닦도록 했대요. 포공은 민들레의 한자 이름 '포공영'에서 따 온 말이에요.

그러면 민들레가 갖춘 아홉 가지 덕목(포공구덕)을 하나씩 알아볼까요?

첫째, 인(忍)이에요. 참을성이죠. 계단 틈에 꽃을 피운 민들레를 보고 감탄한 적이 있어요. '흙도 없이 먼지만 쌓인 곳에서도 살아가다니!' 민들레는 환경을 탓하지 않고 어디에서나 잘 자라요.

둘째, 강(剛)이에요. 굳센 성질이죠. 민들레는 뿌리까지 캐서 며칠 동안 볕에 내놓았다가 다시 심어도 싹이 돋고, 심지어 일부가 잘려도 꿋꿋하게 살아요.

셋째, 예(禮)입니다. 예절을 알고 지켜요. 민들레는 한 뿌리에서 여러 송이 꽃을 피우는데, 올라오는 순서를 알고 차례를 지켜요. 동시에 피는 법이 없죠. 그런데 이는 토종 민들레의 특징이고, 우리가 자주 보는 서양민들레는 여러 송이가 함께 꽃을 피우더라고요.

넷째, 용(用)이에요. 쓰임이 많아요. 어린잎은 나물로 무치고, 뿌리는 김치를 담가 먹고, 꽃은 술을 빚거나 차를 끓여 마실 수 있어요.

다섯째, 정(情)이에요. 정이 많아요. 민들레는 봄에 가장 먼저 꽃을 피우고 향이 진해 멀리 있는 벌과 나비를 불러 모아요.

민들레(토종)

서양민들레

찾아온 벌과 나비에게 꿀을 나눠 주고요.

여섯째, 자(慈)예요. 사랑이 있어요. 민들레는 잎과 줄기를 자르면 하얀 즙이 나와요. 이 즙을 상처에 바르면 염증이 가라앉죠. 이처럼 어머니의 손길 같은 사랑이 있어요.

일곱째, 효(孝)입니다. 민들레는 소중한 약재로, 뿌리를 달여 부모님께 드리면 흰머리가 다시 검어진대요. 그만큼 약효가 있다는 뜻이겠지요.

여덟째, 인(仁)이에요. 어진 성질이 있어요. 민들레 잎을 찧으면 종기가 낫고 열을 내리는 즙이 나와요. 자기 몸을 희생해서 아픈 사람을 낫게 하니 어진 성질이죠.

아홉째, 용(勇)이에요. 용기가 있어요. 민들레는 꽃이 피고 질 때, 씨앗이 바람을 타고 멀리 날아가서 돌밭이나 가시덤불이나 어디든 떨어져 스스로 번식하는 용기가 있어요.

혹시 하얀 민들레를 본 적 있나요? 우리 주변에 흔한 노란 민들레는 100여 년 전 외국에서 들어온 서양민들레로, 90퍼센트 이상을 차지해요. 토종 민들레는 서양민들레보다 꽃잎이 적고 흰색이나 연한 노란색인데, 우리 주변에서 발견하기 어려워요. 서양민들레는 따뜻한 봄부터 시원한 가을까지 꽃을 피우지만, 토종 민들레는 봄에만 꽃을 피우거든요. 토종 민들레와 서양민들레가 꽃가루받이를 하면 잡종 민들레가 생기는데, 이 때 서양민들레의 유전적 특성이 강하게 나타나기 때문이에요.

하얀 민들레(토종)

이제는 산골 아니면 볼 수 없을 정도로 우리 땅에서 사라져 가는 민들레를 텃밭에서 발견한 적이 있어요. 어찌나 반가운지 정성껏 씨앗을 받아 근처에 뿌리고 이듬해를 기다렸지요. 그런데 서양민들레만 나와서 못내 아쉬웠어요.

참, 유럽에서는 민들레를 '이불에 오줌싸개'라고도 한대요. 민들레를 먹으면 오줌이 잘 나온다고 해서 붙은 별명이에요. 기껏 오줌이 잘 나오게 해 주고 '오줌싸개'라는 별명을 얻다니, 민들레가 무척 섭섭할 것 같아요.

어디에서나 쑥쑥 자라는
쑥

어린 쑥

곰이 100일 동안 쑥과 마늘을 먹고 사람이 됐다는 단군 신화 알지요? 우리 조상들은 어디에서나 자주 눈에 띄는 쑥이 그 정도 효능이 있다고 여겼나 봐요. 쑥은 오래 전부터 우리 민족의 먹을거리이자 약초였어요.

《동의보감》에 '쑥은 독이 없고 성질이 따뜻해서 모든 만성 질병을 다스린다. 특히 부인병에 좋고, 자식을 낳게 한다'는 내용이 나와요. '7년 된 병을 3년 묵은 쑥을 먹고 고쳤다'는 속담도 있지요.

쑥에는 다양한 영양 성분이 있는데, 그 특성을 알고 여러 가지 방법으로 먹고 활용한 조상의 지혜에 감탄하지 않을 수 없습니다. 봄이면 쌀가루에 쑥을 짓이겨 넣고 반죽해 쑥버무리를 만들거나, 납작하고 동그랗게 빚은 개떡을 쪄 먹기도 했어요. 된장국에 쑥을 넣으면 씁쓸한 맛은 사라지고 그윽한 향이 입 안에 가득해요. 요즘은 차와 수프, 빵에도 쑥을 넣어 건강한 음식을 만들어요.

예전에는 단옷날 사립문에 쑥을 걸었다고 해요. 쑥 향이 좋지 않은 일을 막아 준다고 생각했기 때문이에요. 예부터 피를 맑게 하고 면역 기능에 좋다고 쑥뜸을 뜨고, 요즘은 쑥을 이용한 사우나도 있어요.

추석 하면 떠오르는 음식이 송편이에요. 그 해 처음 수확한 쌀을 빻아 쑥을 넣고 반죽해서 송편을 빚지요. 송편을 예쁘게 만들면 시집을 잘 간다고 해서 선생님도 반달 모양으로 정성스럽게 빚은 기억이 나요. 찜통에 솔잎을 깔고 송편을 찌면 쑥 향에 솔 향이 더해져 맛있어요.

설날이면 봄에 뜯어 말려 둔 쑥을 삶아 인절미와 가래떡을 했어요. 냉장고가 없던 시절이라 쑥인절미와 가래떡을 장독대 항아리에 넣어 두고 겨우내 먹었지요. 숯불에 구운 쑥인절미에 고소한 콩가루를 묻히면 겨울철 최고 간식이었어요.

자란 쑥

어린 쑥이 주로 먹을거리였다면, 자란 쑥은 약용이었어요. 한여름이면 말린 쑥으로 밤에 모깃불을 피우고 멍석에 누워 더위를 이겨 냈지요. 쑥이 탈 때 나는 향과 연기에 모기가 얼씬도 하지 않거든요. 식물이 내는 향은 벌레나 동물에게서 자신을 보호하기 위한 방어 물질이기도 하고, 주변과 소통하는 수단이기도 해요.

선생님이 어릴 때는 약이 귀해서 상처가 나거나 벌레에게 물리면 쑥을 짓이겨 발랐어요. 쑥이 초기 감염을 막고, 가려움증을 가라앉히는 효과가 있거든요. 실제로 중국 투유유(屠呦呦) 박사가 개똥쑥에서 말라리아 치료제 성분을 찾아 2015년 노벨 생리학·의학상을 받았습니다. 쑥의 효능이 대단하지요?

다양하게 쓰인 덩굴 식물
칡

칡덩굴

칡은 100년 넘게 사는 덩굴 식물이에요. 줄기가 20미터 이상 자라며 다른 식물을 감고 오르죠. 가뭄이나 병충해를 견디는 힘이 강하고, 어디에서나 잘 살아요. 산을 깎은 자리에 칡을 심어 산사태를 막기도 해요. 하지만 생명력이 너무 강한 나머지 감고 올라가는 다른 나무의 영양분을 빼앗고, 커다란 잎으로 햇볕을 가려 죽게 합니다. 숲을 관리하는 사람은 칡덩굴 때문에 골치가 아프대요.

우리 선조들은 칡을 다양하게 썼어요. 옛날에는 먹을거리가 부족해서 배고플 때 칡뿌리를 먹었지만, 요즘은 건강에 좋다고 칡 즙을 마시죠. 한방에서는 갈근탕이라는 감기약을 만드는 주요 약재로 칡을 써요.

선생님은 어릴 때 봄이 오면 친구들과 칡뿌리를 캐러 산에 갔어요. 이른 봄인데도 땀을 뻘뻘 흘리며 뿌리를 캐서 껌처럼 씹으면 단맛이 났지요. 굵고 녹말과 수분이 많아 단맛이 나는 뿌리를 암칡, 가늘고 질기며 쓴맛이 나는 뿌리를 수칡이라고 부르기도 했어요.

칡덩굴은 질기고 단단해서 옛날에는 땔나무나 짐을 묶는 끈으로 쓰고, 흙이나 거름을 담아 나르는 삼태기를 만들기도 했어요. 칡 껍질을 벗기면 단단한 실 같은 속껍질이 나오는데, 이것으로 만든 천을 '칡베(갈포)'라고 불렀어요. 오래 된 줄기는 집 지을 때 기둥으로도 썼대요. 논산 쌍계사 대웅전 기둥을 아주 오래 된 칡덩굴 줄기로 만들었다고 해요.

칡은 한여름에 고깔 모양 꽃을 피우는데. 붉은빛이 도는 자주색이에요. 꽃이 흔하지 않은 계절이라 벌에게 인기 있어요. 꽃차를 만들면 색과 향이 좋아, 시중에 파는 웬만한 차보다 맛있고요.

칡꽃

칡뿌리

참, 칡에서 나온 말이 있어요. 개인이나 집단의 의견이 서로 달라 양보하지 않고 대립하는 상태를 갈등이라고 하잖아요. 갈등은 칡을 뜻하는 한자 갈(葛)과 등나무를 뜻하는 한자 등(藤)이 합쳐진 말이에요. 칡과 등나무는 덩굴 식물이에요. 칡은 왼쪽으로, 등나무는 오른쪽으로 감고 올라가 뒤엉키면 풀기 어려워요. 갈등은 여기에서 나온 말이랍니다.

지붕과 도롱이 재료
띠

띠

5~6월에 억새와 생김새가 비슷하면서 키가 훨씬 작고 하얀 꽃이 핀 식물을 본 적이 있나요? 바로 띠라는 풀이에요. 지방마다 다른 이름이 있는데, 선생님이 살던 고장에서는 '삘기' 혹은 '삐비'라고도 불렀어요. 사전을 찾아보니 삘기는 '띠의 어린 꽃이삭'이라고 나오네요.

옛날에 가난한 사람이 사는 오두막은 띠를 엮어서 지붕을 올렸어요. 띠는 볏짚처럼 가볍고 물기가 스며들지 않거든요. 비가 올 때 허리나 어깨에 걸치던 도롱이도 띠로 만들었어요. 지금 우리가 사용하는 비옷인 셈이죠.

띠는 외떡잎식물이고, 볏과에 속하는 여러해살이풀이에요. 햇볕이 잘 드는 곳에서 무리지어 자라요. 뿌리줄기는 땅 속에서 옆으로 길게 뻗으며, 뿌리줄기 마디마디에서 줄기가 나와요. 번식력이 아주 강해서 산비탈이나 강둑이 무너지지 않게 보호하는 역할도 해요. 예전에는 밭둑이나 길가에서 자주 눈에 띄었는데, 요즘에는 보기 어려워요. 왜 그럴까요?

식물 씨앗은 소나 새 같은 동물의 소화 기관을 거쳐야 싹이 틀 확률이 높아요. 요즘 사람들이 반려견과 산책하듯이 예전에는 아이들이 소를 데리고 들로 나갔어요. 소에게 풀을 먹이기 위해서죠. 소가 풀을 뜯는 동안 아이는 띠를 찾아 씹으며 심심함을 달랬어요. 껌조차 귀하던 시절, 선생님도 삘기를 껌처럼 씹었어요. 덜 여문 밀알과 같이 씹으면 껌이 된다고 해서 한참을 질겅질겅 씹어도 진짜 껌처럼 되지는 않더라고요.

초등 학생 때, 갑작스럽게 몸이 붓고 숨을 쉬기가 어려운 적이 있었어요. 아버지께서 한약을 정성껏 달여 주시고, 띠 뿌리와 개구리 뒷다리까지 삶아 주셨지요. 개구리는 그 시절 아이들의 군것질거리였고, 환경이 오염되지 않아 개구리가 많기도

삘기

띠꽃

했거든요. 3~4일 지나니 부기가 감쪽같이 가라앉았어요. 열과 부기를 내리고 소변이 잘 나오게 하는 띠 뿌리의 약효 성분이 한몫을 하지 않았나 싶어요.

얼마 전 아라뱃길을 산책하다가 무리지어 자란 띠를 봤어요. 꽃이 피기 전에 돌돌 말린 잎을 까면 하얀 솜 같은 것이 나와요. 이것을 씹으니 남편이 무슨 맛으로 먹느냐고 하네요. 상큼한 풀 내음과 추억이 떠오르는 맛이죠.

열매도 꽃처럼 피는
목화

꽃가루받이 전 목화 꽃   꽃가루받이 후 목화 꽃

목화, 하면 떠오르는 이름이 있어요. 고려 말 학자이자 정치가 문익점 선생님이죠. 중국 원나라에 사신으로 갔다가 목화씨를 붓두껍에 담아 가져온 분이에요. 원나라 조정이 목화가 다른 나라로 흘러드는 것을 엄히 금지하던 때라, 몰래 가져올 수밖에 없었다고 해요.

 목화가 들어오기 전에는 누에고치에서 뽑은 명주실로 짠 비단과 깔깔한 삼베를 옷감으로 썼어요. 비단옷은 왕족과 부유한 양반이나 입었고, 일반 백성은 삼베옷으로 겨울을 버텨야 했지요. 목화가 재배되고 나서는 추위에 떨던 백성이 바지와 저고리 등에 솜을 두어 만들고, 솜이불을 덮어 따뜻한 겨울을 났어요. 목화는 조선 시대에 중요한 농작물로, 옷부터 생활 용품까지 많은 것에 솜을 썼어요. 그러니 백성이 문익점 선생님을 존경할 수밖에요.

목화를 직접 본 적이 있나요? 가볍고 질긴 합성 섬유가 발달함에 따라 목화를 재배하는 농가가 없어서, 요즘은 목화 꽃이나 목화솜을 보기가 어려워요. 목화는 따뜻한 지역에서 자라요. 7월에 피는 연노랑 꽃은 시간이 지나면서 분홍빛으로 변하지요. 꽃 색이 변하는 까닭은 곤충에게 꽃가루받이를 마쳤다는 신호를 보내는 거래요.

꽃이 떨어진 자리에 목화솜을 품은 초록색 열매가 맺혀요. 아직 여물지 않은 이 목화 열매를 '다래'라고 해요. 다래에 든 솜은 수분이 많고 달짝지근해서 엄마 몰래 따 먹다가 혼쭐이 나기도 했어요. 시간이 지나 열매가 갈색으로 바뀌고 껍질이 갈라지면서 씨방인 목화솜이 부풀면 열매가 다시 꽃으로 피어나는 것처럼 느껴지기도 해요. 갈라진 열매를 따서 햇볕에 말리면 솜사탕처럼 점점 더 부풀지요.

까만 씨앗을 빼고 솜틀집에 맡기면 솜을 곱게 부풀리고 펴는데, 이를 '솜을 튼다'고 해요. 이렇게 튼 솜으로 이불을 만들

다래(여물지 않은 목화 열매)

여문 목화 열매

죠. 목화 솜이불이 예전에는 결혼하는 딸의 필수 혼수품이었어요. 그래서인지 목화 꽃 꽃말은 '어머니의 마음, 정, 따스함'이에요.

목화솜은 천연 섬유라서 알레르기나 아토피가 있는 민감성 피부에 좋아요. 환경을 더럽히지 않고요. 건강뿐만 아니라 지구를 보호하기 위해서도 목화가 좋은데, 목화나 솜틀집 모두 점점 사라져서 아쉬워요.

쌀밥 꽃이 피는
이팝나무

마령 초등 학교에 있는 진안 평지리 이팝나무 군

봄날 벚꽃 잔치가 끝나면 눈이 소복하게 내려앉은 것처럼 꽃이 피는 나무가 있어요. 요즘 거리에서 자주 보이는 이팝나무는 햇볕을 좋아하고, 물이 잘 빠지는 토양에서 자라요. 성장이 빠르고 병충해에 강해서 가로수로 적합하지요.

이팝나무는 우리 나라를 중심으로 일본과 타이완, 중국 남쪽에서 자라지만, 세계적으로는 희귀 식물이래요. 예전에는 남해안과 서해안 일대에서 자랐는데, 기후가 따뜻해진 요즘은 서울을 비롯해 중부 지방에서도 쉽게 볼 수 있어요.

이팝나무 이름 유래에는 여러 가지 이야기가 있어요. 여름이 시작되는 절기인 입하에 꽃이 피어 '입하나무'라고 하다가 이팝나무가 됐다고도 하고, 꽃이 핀 모양이 이밥(쌀밥)을 닮아 '이밥나무'라고 하다가 이팝나무가 됐다고도 해요.

옛날에는 이팝나무 꽃이 많이 피는 해는 풍년이 들고, 꽃이 덜 피는 해는 흉년이 든다고 점을 치기도 했대요. 선생님은 이팝나무를 보면 보릿고개라는 말이 있을 정도로 배를 곯던 옛날 사람들 생각에 마음이 아파요.

보릿고개와 이팝나무에 관한 슬픈 이야기를 들려 줄게요. 전북 진안의 마령 초등 학교 담장 옆으로 이팝나무 몇 그루가 모여 있어요. 죽은 어린아이를 묻은 곳이라 '아기 사리'라고 한대요. 옛날 마령 사람들은 어린아이가 죽으면 동구 밖 야트막한 산에 묻었다고 해요. 아이들이 영양실조에 시달리다가 죽었기에 아이를 묻은 자리에 쌀밥을 실컷 먹여 봤으면 좋겠다는 애달픈 마음을 담아 이팝나무를 심었대요. 그 야트막한 산에 학교가 들어서며 이팝나무는 대부분 사라지고, 몇 그루만 남아 천연기념물로 지정됐어요.

조팝나무, 박태기나무, 이밥나물, 며느리밥풀꽃 같은 식물도 이름이 밥 모양에서 유래했어요. 조팝나무는 흰 꽃이 다닥다닥 피는 모양이 좁쌀로 지은 밥처럼 보여서 붙은 이름이에요. 박

조팝나무 꽃

박태기나무 꽃

국수나무 꽃

풀솜대(이밥나물) 꽃

태기나무는 밥알 모양과 비슷한 꽃이 피어서 '밥티나무'라 하다가 박태기나무가 됐고, 가지를 잘라 벗기면 국수같이 하얀 줄기가 나온다고 국수나무, 풀솜대는 꽃 모양이 쌀밥 같아서 '이밥나물'라는 별명이 있어요.

도토리가 열리는
참나무

250년 된 상수리나무(김포 초원지리 마을)

우리 나라 숲에 가장 많은 나무는 도토리가 열리는 참나무입니다. 마을 주변이나 낮은 산에서도 흔히 볼 수 있어요. 쓸모가 많아서 붙은 이름으로, '진짜 나무'라는 뜻이지요. 참나무는 단단해서 가구와 생활 도구 등을 만드는 데 쓰고, 건축재와 땔감으로도 좋아요. 참나무로 구운 참숯은 연기가 나지 않고 오래 잘 타서 고급으로 쳐요. 또 우리 나라 사람들이 즐겨 먹는 표고버섯은 참나무의 영양분을 섭취하고 자라요.

하지만 참나무라는 나무는 없어요. 상수리나무, 굴참나무, 떡갈나무, 신갈나무, 갈참나무, 졸참나무를 통틀어 참나무라고 부르죠. 참나무 6형제입니다. 같은 부모에게서 태어나도 이름이 다르고 생김새가 조금씩 다르듯이, 참나무 형제도 쓰임새와 모양이 달라요. 워낙 생김새가 비슷하고 잡종이 많아서 식물을 공부한 선생님도 구별하기가 쉽지 않아요. 그러니 참나무 6형제에게 왜 그런 이름이 붙었는지만 알아도 좋을 거예요.

상수리나무는 임진왜란 때 선조가 궁궐을 버리고 피란하던 중 먹을거리가 부족해 도토리묵이 수라상에 오른 데서 '상수라나무'로 불리다가 상수리나무가 됐다고 하는데, 이는 확실하지 않아요. 그보다 한자어에서 온 듯해요. 상수리나무는 한자로 '상수(橡樹)', 도토리는 한자로 '상실(橡實)'이에요. 도토리가 열리는 나무를 '상실이나무'라 하다가 상수리나무가 된 거죠. 상수리나무 상(橡)은 나무 목(木)에 코끼리 상(象)을 붙인 글자예요. 나무껍질이 코끼리 피부와 비슷해서 그렇게 글자를 만들지 않았나 생각해요.

굴참나무는 '골이 깊게 지는 참나무'라는 뜻으로, 나무껍질만 봐도 금방 알 수 있어요. 굴참나무의 두꺼운 껍질로 굴피집과 코르크를 만들었지요. 참나무 형제 중에 잎이 가장 넓적한 떡갈나무는 어린잎으로 떡을 싸서, 신갈나무는 옛날 사람들이 신던 짚신에 잎을 깔아서, 갈참나무는 다른 참나무보다 늦가을까

굴참나무 껍질

신갈나무 잎

떡갈나무 잎과 열매

졸참나무 잎과 열매

늦가을 갈참나무

도토리와 깍정이

지 잎이 달려 있어서, 졸참나무는 잎과 열매가 가장 작은 졸병 참나무라서 붙은 이름이에요.

도토리(참나무 열매) 하면 누가 떠오르나요? 다람쥐라고요? 하지만 도토리는 멧돼지가 더 좋아해요. 선생님이 어릴 때 시골에서는 돼지를 '도야지'라고 했는데, 알고 보니 우리말로 '도' 혹은 '돝'이라고 불렀대요. 옛날 문서에도 도토리를 '도톨밤', 즉 '돼지가 먹는 밤'이라 기록했고요.

수많은 곤충과 새, 초식 동물이 도토리를 먹어요. 우리 조상들은 도토리를 물에 일주일쯤 담갔다가 쓴맛과 떫은맛이 나는 타닌 성분이 빠지면 가루로 만들어 묵을 쑤었어요. 조상의 지혜가 놀랍죠? 도토리로 요리해서 먹는 나라는 우리 나라밖에 없대요. 묵은 미끌미끌하고 물컹해서 좋아하지 않는 어린이도 있지만, 녹말과 단백질을 비롯해 영양 성분이 풍부하니 가리지 말고 먹었으면 해요.

틀린 이름에 오해까지 받은
아까시나무

아까시나무 숲

동구 밖 과수원 길 아카시아 꽃이 활짝 폈네

동요 '과수원 길' 노랫말 때문에 모두 아카시아라고 하지만, 과수원 길에 핀 꽃은 아까시나무 꽃이에요. 아카시아는 더운 지역에 사는 나무로, 우리 나라에서는 온실에 가야 볼 수 있어요. 미국이 고향인 아까시나무가 일본을 거쳐 들어오면서 아카시아라고 잘못 불리게 됐대요.

아까시나무는 이름만 잘못 부른 게 아니라 일제가 퍼뜨린 나무라는 오해까지 받았어요. 아까시나무가 무덤이나 집 주변으로 뿌리를 마구 뻗고, 숲을 망친다며 싫어하는 사람이 많아요.

그런데 아까시나무는 일제가 퍼뜨린 게 아니라 한국 전쟁 이후 산림 녹화를 위해 심었어요. 전쟁 직후에는 민둥산이 많아 비가 오면 산사태가 났대요. 그 피해를 막기 위해 민둥산에 성장이 빠른 아까시나무를 심었죠.

아까시나무는 콩과 식물이라 뿌리혹박테리아가 있어요. 뿌리혹박테리아는 공기 속의 질소를 질소 화합물로 만들어 땅을 기름지게 해요. 그러니 아까시나무가 있으면 주변의 다른 나무도 잘 자라요. 뿌리가 얕은 아까시나무는 잘 쓰러지고, 수명이 길어야 70~80년이래요. 쓰러진 아까시나무는 흙으로 돌아가 땅을 더 기름지게 하고, 수많은 미생물의 먹이가 돼요.

아까시나무 꽃은 향기가 수십 미터 떨어진 곳에서도 느껴질 정도로 진해요. 꿀이 많아서 꽃잎을 따 먹으면 그 향기와 단맛이 입 안 가득 퍼지고요. 이러니 벌에게는 얼마나 맛있을까요? 그래서 아까시나무 주변에 벌통을 놓죠.

예전에는 아까시나무 꽃이 4월 말 남쪽에서 시작해 6월까지 전국에 걸쳐 피기 때문에 사람들이 벌통을 옮겨 가며 꿀을 땄어요. 요즘은 온난화로 전국이 한꺼번에 꽃이 피는 바람에 꿀을 따기 힘들어졌대요. 그래서 벌도 사라지고 있어요. 벌이 사라지면 인류도 사라진다니 기후 변화가 얼마나 심각한지 실감이 나요.

아까시나무는 훌륭한 놀잇감이에요. '아까시나무 잎 떼기 놀

아까시나무 꽃

아까시나무 잎

이'를 해 봤나요? 아까시나무는 깃꼴겹잎으로 작은 잎 9~19장이 달렸어요. 이것을 들고 가위바위보 해서 이기는 사람이 작은 잎을 하나씩 떼어, 먼저 다 떼는 사람이 이기는 놀이죠. 선생님이 어릴 때는 아까시나무 작은 잎을 다 떼고 남은 줄기로 파마 하듯이 머리에 감았어요. 한참 있다가 풀면 머리가 구불구불해져요.

방귀쟁이
뽕나무

오디

뽕나무는 열매를 먹으면 소화가 잘돼서 방귀를 뽕뽕 뀐다고 붙인 이름이래요. 뽕나무 열매는 겉이 오돌토돌해서 '오돌개'로 불리다가 지금은 오디라고 해요. 뽕나무는 어디에서나 잘 자라요. 암수딴그루로 암나무에서 열리는 오디는 연한 녹색에서 점차 붉어지다가 완전히 익으면 붉은빛이 섞인 보라색으로 바뀌어요. 맛과 영양이 좋은 군것질거리죠. 어린 시절 손과 입이 까매지도록 오디를 따 먹던 추억과 재미난 이야기가 떠올라요.

뽕나무가 뽕 하고 방귀를 뀌니
대나무가 대끼 놈 야단을 치네
참나무가 점잖게 하는 말 참아라

　우리 나라에는 언제부터 뽕나무를 심었을까요? 뽕나무는 누에를 치기 위해 심었으며, 그 역사가 아주 오래 됐어요. 신라를 세운 박혁거세, 고구려 동명왕과 백제 온조왕 때 농사와 함께 누에치기를 권장했다는 기록이 있지요. 통일 신라와 고려를 거쳐 조선 시대에는 왕비가 친잠례(뽕잎 따기, 누에치기, 실을 내서 옷감을 짜는 길쌈 시범을 보이는 의식)를 주관했어요. 그 때 누에를 많이 친 곳이 누에 잠(蠶) 자가 들어가는 잠실과 잠원동이고, 1970년대까지 우리 나라 전역에서 뽕나무를 심고 누에치기를 했어요.

　선생님은 어릴 때 작은 방에서 누에를 키운 경험이 있어요. 누에나방 애벌레인 누에는 뽕나무 잎을 먹어요. 식성이 얼마나 좋은지 농사일로 바쁜 부모님 대신 하루에 2~3번씩 뽕잎을 땄지요. 어떤 애들은 커다란 누에가 꿈틀거리는 모습을 보고 징그럽다며 도망가기도 했어요.

　누에는 뽕잎을 먹고 몸을 키우다가 번데기가 되는데, 이 때 고치를 짓고 그 속에서 지내요. 사람들은 누에고치에서 뽑은 명주실로 비단을 짜요.

뽕나무 암꽃   뽕나무 수꽃

뽕나무(장릉)

뽕나무는 누에를 치는 외에도 열매, 줄기, 잎, 뿌리 등 어느 하나 버릴 게 없어요. 예부터 봄에는 어린잎을 나물로 먹고, 잎이나 속껍질을 말렸다가 흉년이 들면 가루로 만들어 곡식 가루와 섞어 밥, 죽, 떡 등을 했어요. 뽕나무 속은 황색을 띠고 뒤틀림이 적으며 잘 썩지 않아 장롱이나 경대 등 가구와 나무못에 썼지요. 조상의 신주를 모시는 위패를 만들기 위해 무덤 주변에 심기도 했어요.

요즘은 뽕나무에 기생하는 식물이나 균류까지 한약재로 써요. 귀한 약재로 취급하는 뽕나무겨우살이, 항암 효과가 있는 상황버섯, 뽕나무 톱밥에서 길러 맛과 향이 뛰어난 느타리버섯 등이 있어요. 그야말로 아낌없이 주는 나무랍니다.

맑은 소리 품은
오동나무

오동나무 잎

오동나무는 한눈에 봐도 알 수 있어요. 우리 나라에서 자라는 나무 가운데 잎이 가장 크거든요. 나팔꽃을 닮은 보라색 꽃은 원뿔 모양으로 피어요. 봄이 온 지 한참 지난 5월에야 꽃이 피고, 뒤이어 잎이 나오는 잠꾸러기랍니다.

옛날에 아들을 낳으면 소나무나 잣나무를 심고, 딸을 낳으면 오동나무를 심는다고 했어요. 딸이 결혼할 즈음에 그 나무로 가구를 만들어 줄 수 있거든요. 오동나무는 줄기가 곧고,

1년에 한 마디씩 키가 20미터까지 자라요. 빨리 자라는 만큼 목재가 가볍고 부드러워서 가구를 만들기 쉽고, 뒤틀리거나 불에 잘 타지 않아요. 또 나이테가 뚜렷해서 무늬가 아름답고, 독특한 향이 나서 좀이나 벌레가 생기지 않으며, 습도 조절도 잘돼요. 그래서 국가의 중요 문서를 기록한 문서 보관함을 오동나무로 만들었어요.

오동나무 쓰임새 가운데 악기도 빠뜨릴 수 없지요. 가야금, 거문고, 장구 등을 오동나무로 만들어요. 오동나무는 다른 나무가 넘볼 수 없을 만큼 소리를 잘 내거든요.

오동나무는 서민의 생활과도 밀접한 관련이 있었어요. 살충제가 없던 옛날에 천연 방충제 역할을 했어요. 오동나무 쌀통은 벌레가 꼬이지 않고, 재래식 화장실에 오동나무 잎을 두면 구더기가 생기지 않았대요.

벽오동은 커다란 잎과 꽃이 오동나무와 비슷한데, 껍질이 초록색이에요. 늙어도 변치 않고 푸르다고 푸를 벽(碧) 자를 써요. 이름에 '오동'이 들어가지만, 식물학적으로 오동나무와 다른 과입니다. 하지만 옛 문헌에는 벽오동과 오동나무를 구별하지 않고 오동이라고 했어요.

고귀하고 상서로운 상상의 새 봉황은 벽오동에 둥지를 틀고, 대나무 열매를 먹는대요. 봉황이 벽오동에 깃들여 울면 천하가 태평성대를 이룬다는 설화도 있지요. 그래서 선비들은 향교나

꽃만 피고 잎이 나기 전 오동나무

오동나무 꽃

벽오동 줄기

서원, 집 안에 벽오동을 심었어요.

　벽오동 열매는 익으면 4~5개로 벌어져 둥근 씨앗이 나와요. 이 씨앗을 오동자라고 해요. 오동자에 단백질과 지방유, 카페인이 조금 들어 있어서 건강을 챙기는 사람들이 볶아 가루를 내어 커피 대신 물에 타 마신대요.

흉년에 백성을 살린
느릅나무

느릅나무 쉼터

'초근목피로 연명하다'라는 말을 들어 본 적이 있나요? 옛날에 먹을거리가 없어 풀뿌리와 나무껍질 같은 거친 음식을 먹고 목숨을 이어 간 것을 표현한 말이에요. 《평강 공주와 바보 온달》에도 온달이 굶주림을 참다 못해 느릅나무 껍질을 벗기는 장면이 나와요. 느릅나무 속껍질에는 녹말이 많아서 죽처럼 끓여 먹을 수 있어요. 끓일 때 끈적거리고 느른한 죽처럼 되는 모습을 보고 '느름나무'라 부르다 느릅나무가 됐어요.

《조선왕조실록》에 흉년이 들어 백성이 굶주린다는 기록이 400번 넘게 나와요. 백성은 굶어 죽지 않으려고 산이나 들로 먹을거리를 찾아다녔어요. 조정은 굶주리는 백성을 구제할 목적으로 《구황찰요》라는 책을 써서 나눠 줬고요. 이 책에 "백성은 모름지기 느릅나무 껍질과 솔잎을 늘 집에 보관해서 기근에 대비하라"고 했어요. 소나무와 느릅나무 속껍질이 흉년에 대비한 비상 식량 가운데 하나였지요.

느릅나무는 약재로도 써요. 느릅나무 뿌리껍질을 한자로 유근피라고 해요. 《동의보감》에 따르면 유근피가 대변과 소변을 잘 나오게 하고, 위장의 열을 없애며, 몸이 부었을 때 가라앉히고, 불면증을 낫게 한대요. 최근에는 유근피 추출물이 암 세포가 생기는 것을 막는 효과가 있다고 밝혀졌어요. 느릅나무 속껍질을 끓인 물이 피부병이나 염증을 예방한대요. 선생님도 비염이 있어서 느릅나무 뿌리껍질 우린 물을 마셔요.

느릅나무는 목재로도 뛰어나요. 생활 용품과 악기 재료까지 다양하게 썼고, 물 속에서 썩지 않고 버티는 힘이 좋아 느릅나무로 집을 지으려는 사람이 많았어요. 《삼국사기》에 따르면, 신라에서는 벼슬이 사두품 이상인 사람이나 느릅나무로 집을 지을 수 있었대요. 구황 식품이나 약재, 목재로 가치가 높다 보

느릅나무 뿌리껍질(유근피)

느릅나무 고목

느릅나무 열매

니 느릅나무를 보호하려고 대책을 세운 모양이에요.

느릅나무는 느티나무와 같은 과로 꽃과 열매, 번식하는 방법, 생명력이 닮았어요. 하지만 나이가 많은 느릅나무는 느티나무보다 그 수가 훨씬 적어요. 오랜 세월 수많은 기근으로 허덕이는 사람들이 목숨을 부지하느라 껍질을 벗겨 먹었기 때문이에요.

열매는 작고 종이처럼 얇고 한가운데 납작한 씨앗이 있어 바람에 날리기 쉬워요. 열매 모양이 동전과 비슷하다고 옛날에는 동전을 느릅나무 유(榆) 자를 써서 유전, 유협전이라고 했어요. 잎 아랫부분은 좌우 대칭이 아니라 비뚤어진 짝짝이 궁둥이에요.

선비가 닮고 싶어 한 꽃과 나무
사군자

군자는 '성품이 어질고 학식이 높은 사람'을 뜻해요. 공자가 내세운 이상적인 인간상이죠. 뜻을 굽히지 않는 지조와 절개를 군자의 가장 큰 덕목으로 여긴 조선의 유교 사회에서는 꽃과 나무 중에서 매화, 난초, 국화, 대나무를 사군자라 칭송했어요.

추위를 이기고 이른 봄 제일 먼저 꽃을 피우는 매화, 은은한 향기가 멀리 퍼지고 꽃잎이 우아한 난초, 서리가 내리는 늦가을까지 피는 국화, 모든 식물의 잎이 떨어진 겨울에도 잎이 푸른 대나무. 이 넷을 심어 가꾸고 시와 그림으로 표현하며 닮고 싶어 했지요.

추위를 이기고 가장 먼저 피는
매화

꽃이 핀 매실나무

해마다 남쪽에서 매화가 피었다는 뉴스로 봄 소식을 듣곤 해요. 추위가 채 가시기 전에 가장 먼저 피는 꽃이거든요. 매화는 단아한 모습과 은은한 향기가 일품이죠. 그렇다면 매화를 피우는 나무는 매화나무일까요, 매실나무일까요? 우리 나라 국가 표준식물목록에 따르면 매실나무가 맞아요. 우리 조상은 꽃도 좋지만, 열매가 더 쓸모 있다고 여겼나 봐요.

예부터 선비들은 눈 속에서 피는 매화를 보며 지조와 절개가 있다고 여겨 무척 아끼고 사랑했어요. 매실나무는 세월의 흔적을 고스란히 간직한 고목일수록 명품으로 쳐요. 조선 시대 선비들이 매화를 사랑한 사실은 기록뿐만 아니라 실제로도 많이 남아 있어요.

　따뜻한 기후에서 자라는 매실나무를 추운 지방에서도 볼 수 있도록 화분에 옮겨 심거나 온갖 나무에 접붙여 화려하게 변신한 매화를 자랑하며 잔치를 열기도 했어요. 심지어 매화를 친구나 아내처럼 여겨 '매화군' '매화 부인'이라고 했어요.

　이 열풍으로 세대를 이어 수백 년을 살아 온 매실나무가 여러 곳에 있어요. 전남 진도 운림산방 일지매, 천연기념물로 등재된 구례 화엄사 화엄매와 장성 백양사 고불매, 강릉 오죽헌 율곡매, 순천 선암사 선암매 등이 오랜 세월 살아 온 자태를 뽐내고 있어요. 기회가 되면 꼭 가 보세요. 앙상한 나뭇가지 사이에서 꽃봉오리를 내고 향기를 풍기는 매화를 보면 우리 선조들이 왜 그토록 좋아했는지 짐작할 수 있을 거예요.

　매화는 심고 감상하는 데 그치지 않고 다양한 글과 그림의 주인공이 됐어요. 퇴계 이황 선생님은 매화에 대한 시 91편을 모아 《매화시첩》을 내고, 매화를 사람처럼 여겨 '매형(매화 형님)'이라 부를 정도로 사랑했어요. 매화 그림의 대가인 조희룡의 '홍매도', 신사임당의 딸 이매창이 그린 '매화도', 신사임당의 '묵매도', 장승업의 '홍매백매도' 등 조선 시대 화가의 그림에 매화가 빠지지 않았어요.

　매화 그림은 우리가 쓰는 지폐에도 있어요. 1000원짜리 지폐 앞면에 이황 선생님의 초상화가 보여요. 그 뒤로 기와집은 조

매화

매실

구례 화엄사 화엄매

선 최고 교육 기관인 성균관의 명륜당이고, 명륜당 지붕 위로 늘어져 핀 꽃이 매화입니다. 5만 원짜리 지폐 뒷면에도 매화 그림이 있어요. 조선 중기 문신이자 화가 어몽룡이 그린 '월매도'예요.

　매실나무는 이른 봄 다른 나무나 풀보다 먼저 꽃을 피우지만, 추위에 약하고 햇볕을 좋아해요. 그래서 남부 지방의 사찰과 오래 된 집에 매실나무가 많아요. 삼국 시대에 재배했다는 기록이 있는 매실나무는 요즘도 매실을 얻기 위해 심어요. 매실은 매실청, 매실차, 매실주 등 건강 식품이나 약재로 써요.

　매화는 별명이 아주 많아요. 맑은 손님을 뜻하는 청객, 맑은 벗이라고 청우, 한겨울 눈 속에 피어난다고 설중매, 겨울에 핀다고 동매, 봄 소식을 전한다고 춘매…… 매화가 피어난 환경에 따른 별명도 있어요. 맑은 향기를 뿜어 내는 매향, 옥같이 곱다고 옥매, 달과 함께 있으면 월매…… 별명이 이렇게 많은 까닭은 그만큼 사랑 받았기 때문이겠지요?

　기생 이름에 유독 '매' 자를 많이 쓴 이유는 매화가 아름다움과 정절을 상징하고, 매화를 사랑한 선비들의 관심을 받기 위함이에요. 그런데 옛날 궁중에선 임금의 똥을 '매화', 들고 다니는 임금의 변기를 '매화틀'이라고 했다니 예쁜 매화가 얼마나 속상했을까요?

고고한 선비
난초

난초

　난을 본 적이 있나요? 봤다면 아마 양란일 거예요. 양란은 꽃이 화려하고 피는 기간이 길어서 요즘도 키우는 사람이 많기 때문이죠. 동양란은 양란에 비해 키우기 까다롭고, 꽃이 피어도 작고 화려하지 않아요. 하지만 은은하게 풍기는 향기가 일품이랍니다.
　공자의 일화를 기록한 《공자가어》라는 책에 군자를 난초에 비유한 기록이 있어요. "난초는 깊은 숲 속에 나지만 사람이 없다고 향기를 풍기지 않는 일이 없고, 군자는 홀로 있을 때도 도리에 어긋나는 일을 하지 않는다"는 구절이죠.

공자를 숭배한 조선 시대 선비들은 난초를 군자나 고고한 선비에 비유하며, 난초의 향을 칭송하는 글을 짓고, 고고한 모습을 수묵화로 그렸어요. 문제는 중국의 문헌에 보이는 품종이 우리 나라에는 없다고 생각했지요. 그래서 중국이나 일본에서 구하려고 야단법석을 떨었대요. 어떤 이는 중국 사신으로 갔다가 비싼 값에 산 난초가 모두 맥문동이었다는 웃지 못할 일화도 있어요. 우리 나라 남쪽 지역에서 잘 자라는데도 난초를 실제로 본 적이 없었기에 생긴 일이죠.

미술 시간에 수묵화를 그려 봤나요? 사군자를 계절 순서로 말하면 매, 난, 국, 죽이지만 그림은 난초부터 배워요. 난의 생김새가 한자 모양과 닮은 점이 많아 다른 그림보다 쉽게 그릴 수 있거든요. 하물며 붓으로 한자를 쓰는 일이 일상이던 선비들에게 난초 그리기는 어렵지 않았을 거예요.

선비들은 난초 꽃이 피면 촛불을 켜 벽에 어른거리는 잎과 꽃을 보는 그림자놀이도 즐겼대요. 이는 벽에 그린 묵란(먹으로 그린 난초) 같은 효과가 있기 때문이죠. 그림자놀이가 난초뿐만 아니라 매화, 국화, 대나무까지 이어지다 보니 자연스럽게 사군자가 수묵화로 자리 잡았어요. 서울 호림박물관에서 강희안이 즐긴 것처럼 난초 그림자를 재현한 걸 본 적이 있어요.

양란(군자란)

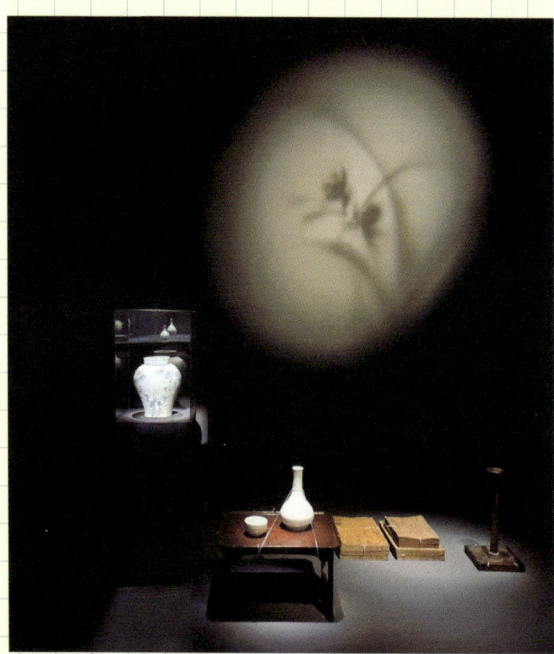

난초 그림자놀이

마치 촛불을 켜고 난초를 눈으로 즐기고 그 향을 맡은 선비가 된 기분이었지요.

　요즘도 난초를 애지중지 키우는 분이 많아요. 난초를 좋아하는 사람들이 모이는 동호회도 있고요. 난초를 키우고 그 꽃을 감상하는 문화는 900년이 넘고, 명화처럼 엄청나게 비싼 값에 거래되는 난도 있다는 이야기를 들은 적이 있어요. 개업이나 승진을 축하할 때 난초 화분을 선물하는 경우가 많아요.

서리 맞으며 홀로 피는
국화

국화

 많은 꽃이 지고 열매를 맺는 늦가을에 그 해 마지막을 장식하는 꽃이 있어요. 서리를 맞으면서 홀로 피는 국화죠. 예부터 아름다움과 향기로 사랑을 받아 온 국화는 동양에서 재배하는 식물 중 역사가 가장 오래 됐다고 해요.

 우리 나라에서는 국화를 '지식과 학문이 있지만 세상일에 관여하지 않고 은둔하는 선비' 이미지에 비유해요. 이는 중국의 대표적인 시인 도연명과 관계가 있어요. 도연명이 관직을 그만

두고 고향으로 돌아오니 폐허가 된 골목에 소나무와 국화는 아직 남았다고 좋아하며, 국화를 자신의 처지나 성품에 빗대어 글을 썼어요. 나중에 주돈이가 "국화는 꽃 중의 은자며, 은자 도연명은 국화를 사랑했다"고 함으로써 은둔하는 선비의 상징이 됐지요.

 국화는 서릿발이 선 추위에 굽히지 않고 외롭게 꽃을 피우는 절개가 있다고도 칭송했어요. 이처럼 국화는 은자나 선비의 절개를 상징하는 꽃으로 수묵화나 글에 등장했어요. 실학자 정약용 선생님은 국화가 여러 꽃 중에서 뛰어난 점은 늦게야 꽃을 피우는 것, 오래 견디는 것, 향기로운 것, 화려하지 않지만 곱고 깨끗한 것, 등불로 국화 그림자를 즐기는 것이라고 했어요. 정약용 선생님처럼 그림자놀이를 해 봤어요. 불빛을 이리저리 옮겨 가며 국화 그림자를 바라보니 선비들이 왜 그림자놀이를 즐겼는지 알 것 같았지요.

 국화를 사랑한 또 다른 이유는 신비한 효능 때문이에요. 겨울에 뿌리, 3월에 잎, 5월에 줄기, 9월에 꽃을 따서 응달에 말린 다음 가루로 만들어 꿀과 함께 반죽해 먹으면 뼈와 근육이 튼튼해지고 장수한다고 생각했거든요. 무병장수에 좋다는 효능 때문인지 국화를 그린 청자와 술잔, 술병, 거울 등이 보물로 남아 있어요.

 동양에서 국화가 장수를 상징한다면, 서양에서는 죽음과 관

국화 그림자놀이

감국

국화차 만들기

계가 있어요. 삶을 마치고 신의 품으로 돌아가 편히 쉬길 바라는 마음을 담아 장례식에 사용해요. 우리 나라도 서양 문화가 전해지면서 장례식장에서 하얀 국화를 쓰기도 해요.

조선 시대에도 요즘처럼 색깔과 모양이 다양한 품종으로 개량해 파는 꽃가게가 있었어요. 수많은 국화 중에 선비들이 으뜸으로 친 국화는 가장 늦게 피는 감국이에요. 감국은 노란 꽃이 피는데, 전통적으로 오방색 중에 황색이 가운데 있고 임금을 상징하기 때문이에요.

사철 푸르고 곧게 자라는
대나무

대나무 숲길

대나무 숲에 가 본 적이 있나요? 하늘에 닿을 듯 쭉쭉 뻗은 대나무가 숲을 이루고, 바람에 댓잎이 부딪히는 소리를 들으면 옛 선비가 대나무를 왜 그렇게 좋아했는지 짐작할 수 있어요. 예부터 우리 선조는 사시사철 푸르고 곧게 자라며 변함 없는 대나무를 지조의 상징으로 여겼어요. 대나무는 곧게 쪼개져요. 그래서 자신이 정한 뜻을 꿋꿋하게 지키며 성품이 올곧은 사람을 '대쪽 같다'고 해요.

5만 원짜리 지폐 뒷면에 대나무 그림이 있는 걸 아나요? 조선 시대 이정이 그린 '풍죽도'입니다. 어몽룡이 그린 '월매도'의 배경으로 흐리게 보여요. 도화서(조선 시대에 그림에 관한 일을 맡아 보던 관아)에서 채용이나 승진을 위해 치르는 시험 과목은 죽(대나무), 산수, 인물, 동물, 화초인데, 대나무 그림이 제일 점수가 높았대요.

대나무는 그 자체로 예술적인 아름다움이 있어서 그림으로 많이 표현했고, 여름철 잠자리를 시원하게 해 주는 죽부인, 바닥에 까는 대자리, 소쿠리, 가구 등 가벼우면서도 튼튼해 생활용품으로 다양하게 쓰였어요. 속이 비어서 대금과 소금, 단소처럼 부는 악기는 거의 대나무로 만들었지요.

대나무는 나무라는 낱말이 들어가서 나무라고 생각하기 쉽지만, 식물학자들은 벼과 풀로 분류해요. 풀은 잎이 나서 꽃이 피고 열매를 맺으면 줄기가 시들어 죽는데, 대나무는 딱딱하고 커다란 줄기가 몇 년에서 수십 년까지 살아요. 나무는 겨울눈과 나이테가 있지만, 대나무는 없고요. 조선 시대 시인 윤선도는 〈오우가〉에서 언제나 푸르른 대나무의 지조를 노래했어요.

> 나무도 아닌 것이 풀도 아닌 것이
> 곧기는 누가 시켰으며 속은 어찌 비었는가
> 저렇고도 사철에 푸르니 그를 좋아하노라

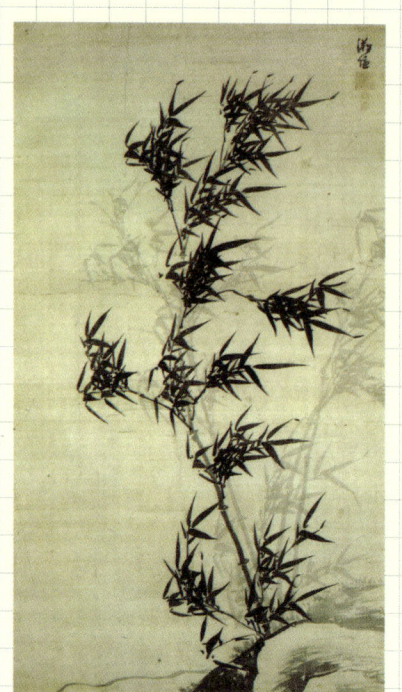
'풍죽도'

죽순

대나무 숲

대나무는 생장 방식이 독특해요. 대나무 싹인 죽순은 하루에 1미터까지 자라며, 초여름에 생장이 끝나 더 자라거나 굵어지지 않고 해마다 잔가지만 새로 나요. 대신 땅 속 줄기로 양분을 내보내 다른 싹을 준비하죠. 대나무는 땅 속 줄기로 번식해서 산불 같은 자연재해에도 죽지 않을 만큼 생명력이 강해요.

대나무는 일생에 한 번 꽃을 피우면 뿌리까지 죽는대요. 한 뿌리에서 수십, 수백 그루씩 연결돼 자라는 특성상 일대에 있는 대나무가 한꺼번에 죽죠. 그래서 대나무 숲이 한꺼번에 사라지면 나라에 위기가 닥친다는 이야기도 있고, 일생에 한 번 피는 대나무 꽃을 보면 행운이 찾아온다는 이야기도 있어요. 선생님은 행운이 찾아온다는 이야기를 믿고 싶어요. 지금까지 대나무 꽃을 본 적이 없거든요.

양반이 보고 즐긴
꽃과 나무

조선 전기 문신 강희안이 쓴 《양화소록》은 우리 나라 최초로 꽃과 나무의 재배와 이용에 관한 내용을 다뤘어요. 이 책에서 우리 조상이 식물을 기르고 가꾸는 기술을 발전시키며, 자연을 있는 그대로 살린 정원 문화를 만들었다는 걸 알 수 있어요. 조선 후기로 넘어가며 화훼 문화가 서민층으로 퍼져, 마당이나 실내에 꽃과 나무를 심는 백성이 많았다고 해요.

《양화소록》에 나오고 지금도 우리 주변에 흔한 꽃과 나무 이야기를 들려 줄게요. 양반이 좋아한 식물의 특성과 상징성은 무엇일까요?

양반 꽃
능소화

능소화

능소화는 오래 전 중국에서 들여 온 덩굴 식물이에요. 예전에는 양반만 심을 수 있어서 '양반 꽃'이라고도 했어요. '하늘 높이 오르는 꽃'이라는 이름 뜻대로 양반만 높은 벼슬에 오르려는 욕심 때문에 그리 부르지 않았나 싶어요.

능소화를 둘러싼 헛소문도 있어요. 꽃잎에 독성이 있다거나, 꽃가루가 가시처럼 뾰족해서 눈에 들어가면 시력을 잃는다는 이야기예요. 국립수목원이 발표한 바에 따르면, 능소화 꽃가루는 그물망 모양이라 눈에 손상을 주지 않는대요. 이 꽃을 독차지하려는 사람이 지어 낸 이야기가 아닐까요?

조선 시대에 과거에 급제한 사람에게 임금이 내린 꽃을 어사화라고 했어요. 어사화를 내렸다는 기록과 그림만 남아서 어떤 꽃인지 의견이 분분해요. 어사화 그림이 능소화와 비슷해서 능소화를 어사화라고도 했대요. 하지만 과거 보던 시기를 생각하면 여름에 피는 접시꽃이나 능소화보다 봄에 피는 영춘화가 아닌가 해요. 영춘화는 사람들이 흔히 개나리꽃으로 오해하는 나무예요.

능소화에 얽힌 슬픈 전설이 있어요. 옛날에 소화라는 궁녀가 황제의 사랑을 받았으나, 주위의 시기와 질투, 이간질로 황제를 만나지 못하게 됐어요. 소화는 궁중 담장 밑에 묻어 달라는 말을 남기고 스스로 목숨을 끊었대요. 이듬해 그 자리에서 붉은 꽃이 피어났다는 이야기예요. 그래서 능소화 꽃말이 '그리움' '기다림'이라고 합니다.

능소화는 덩굴나무로 줄기 마디에서 생기는 뿌리가 다른 나무나 물체에 붙어, 10미터 넘게 쑥쑥 자라요. 능소화가 감고 올라가는 나무는 무성한 덩굴이 햇빛을 가려 거의 죽어요. 그러니 능소화는 가능하면 담 밑에 심는 게 좋아요. 담장을 타고 올라 벽 위에서 아래로 흐드러지게 핀 꽃이 아름답고 우아하죠. 여름부터 초가을까지 피고 지기 때문에 싱싱한 주황색 나팔 모양 꽃을 오래 볼 수 있어요. 한여름 이글거리는 태양도 아랑곳하지 않고 피는 꽃을 보면 그 인내심에 박수를 보내고 싶어요.

한국인의 정서가 담긴
진달래

진달래

나무들이 봄을 기다리며 새 잎을 틔울 준비를 할 즈음, 꽃을 먼저 피우는 나무가 있어요. 봄의 전령이라고 하는 진달래죠. 전국 어디에서나 잘 자라 예부터 전설과 시, 노래의 소재로 자주 등장했어요. 우리 나라 사람과 워낙 친숙하다 보니 무궁화 대신 진달래꽃을 국화로 정하자는 이가 있을 정도예요.

 보릿고개가 있던 시절, 가난한 사람들은 진달래꽃이 필 무렵이면 양식이 떨어져 굶주리기 일쑤였어요. 배고픈 사람들은 진달래꽃을 따 먹으며 허기를 달랬기에 참꽃이라고 했어요. '고마운 진짜 꽃'이란 뜻이죠.

 선생님 어릴 적에 진달래꽃이 필 때면 친구들과 뒷산에 오르곤 했어요. 진달래꽃은 따 먹기도 했지만, 소꿉놀이에 최고였지요. 진달래꽃으로 목걸이를 만들어 걸기도 하고, 봄나물을 잘게 잘라 깨진 그릇이나 돌멩이에 올리고 진달래꽃으로 장식해서 밥상을 차리기도 했어요. 꽃이 핀 진달래 가지를 꺾어 같은 방향으로 가지런히 묶으면 예쁜 꽃방망이가 돼요. 서로 꽃방망이 크기를 자랑하며 가지고 놀다가 한 잎 두 잎 따 먹었죠. 선생님은 요즘도 진달래꽃이 피면 그 추억을 떠올리며 옛날 양반들처럼 꽃전을 부쳐 먹어요.

진달래를 두견화라고도 하는데, 두견새와 관련된 슬픈 전설 때문이에요. 옛날 중국에서 천신 두우가 인간 세상으로 내려와 백성에게 농사짓는 법을 가르쳐 줬어요. 두우는 백성이 믿고 따라 촉나라 왕이 됐지만, 촉나라는 위나라와 치른 전쟁에서 지는 바람에 멸망할 위기에 빠졌어요. 두우는 도망치며 나라의 회복을 꿈꿨으나, 뜻을 이루지 못한 채 죽었어요. 두우의 넋은 두견새가 돼서 촉나라로 돌아가고 싶다고 '귀촉귀촉' 하고 울었대요. 이 두견새가 밤낮으로 슬피 울다가 피를 토했고, 그 피로 진달래꽃이 붉게 물들었다는 전설이죠.

중국에서는 진달래와 철쭉, 영산홍을 구분하지 않고 두견화라 불러요. 두견화를 '홍척촉' '산척촉'이라고도 하고요. 그래서 향가 〈헌화가〉에 나오는 척촉이 철쭉인지, 진달래인지 확실히 알 수 없어요. 〈헌화가〉는 신라 성덕왕 때 수로 부인이 강릉 태

진달래 꽃전

흰 진달래

소백산 철쭉

진달래(왼쪽)와 산철쭉(오른쪽)

수인 남편을 따라가는 길에, 한 노인이 벼랑에 핀 꽃을 꺾어 바치면서 부른 노래예요.

《양화소록》에는 진달래꽃이 붉은색과 흰색 두 가지가 있으며, 거친 바위 틈에서 피어나는 흰 진달래를 분홍 진달래보다 가치가 높다고 평가했어요.

진달래와 철쭉은 꽃 모양이 비슷해요. 진달래와 철쭉을 구별하는 방법을 알려 줄게요. 이파리 없이 꽃이 먼저 피면 진달래, 잎이 먼저 나오고 꽃이 피거나 꽃과 잎이 같이 피면 철쭉이에요. 시기상 진달래가 철쭉보다 일찍 꽃이 피어요. 꽃잎에 진한 반점이 없으면 진달래, 있으면 철쭉이에요. 철쭉 꽃은 독성 물질이 있으니 먹으면 안 돼요. 그래서 개꽃이라고도 하죠.

우리가 공원이나 길에서 흔히 보는 철쭉은 산철쭉이에요. 철쭉은 깊은 산에서나 만날 수 있어요. 산철쭉과 아주 비슷한 영산홍도 있어요. 쉽게 구별하는 방법은 수술이 몇 개인지 세는 거예요. 영산홍은 수술이 다섯 개, 산철쭉은 열 개랍니다.

겨울에 피어 송이째 떨어지는
동백꽃

송이째 떨어진 동백꽃

동백나무는 우리 나라 남해안처럼 따뜻한 지역에서 자라요. 조선 시대에 추운 지역에 사는 선비들은 아름다운 동백꽃을 보기 위해 동백나무를 화분에 옮겨 심고, 온도와 습도를 적절히 유지하며 애지중지 키웠다고 해요. 선비들은 소나무와 대나무가 겨울에도 푸르러 그 절개를 자랑하나 꽃을 피울 수 없는데, 동백나무는 눈 속에 꽃을 피우기 때문에 매실나무와 함께 그 절개가 더 높다고 평가했어요.

전남 강진에서 오랫동안 귀양살이를 한 정약용 선생님은 동백꽃을 무척 사랑해, 직접 동백나무를 심고 관찰한 시를 많이 남겼어요. 선생님이 지내던 다산초당에서 백련사로 가는 길에 천연기념물로 지정된 동백나무 숲이 있어요.

늘푸른나무인 동백나무 잎은 달걀 모양으로, 두껍고 윤기가 흘러요. 겨울에 차가운 바닷바람을 맞고 붉게 피는 동백꽃은 질 때도 빛깔과 모양 그대로 송이째 떨어져요. 일본에서 들여온 애기동백나무는 꽃잎이 낱낱이 떨어지는 점이 달라요.

동백꽃은 동박새와 짝꿍이에요. 동백꽃이 피는 겨울에는 나비나 벌이 없어 꽃가루받이를 못 하잖아요. 그래서 동백꽃은 동박새에게 달콤한 꿀을 주고, 동박새는 꽃가루를 여기저기 옮겨 열매를 맺게 하죠.

동백나무 열매는 껍질을 벗기고 씨를 짜면 기름이 나와요. 예전에는 동백기름을 식용이나 약용은 물론, 등잔불을 밝힐 때 썼어요. 그래도 동백기름 하면 머릿기름이 가장 먼저 떠올라요. 선생님이 학생 때 머리 모양이 단정하고 윤기 나는 선생님이 계셨어요. 그 선생님 별명이 동백기름이었죠. 옛날에 혼인한 여자는 머리를 길러 쪽을 찌고, 혼인하지 않은 여자는 머리를 땋아 댕기를 드렸어요. 머리를 감고 나면 쪽을 찌든, 땋든 동백기름을 발라 단정하게 멋을 냈다고 해요.

김유정 작가의 단편 소설 〈동백꽃〉에 "한창 피어 퍼드러진

동백나무

동백나무 열매

노란 동백꽃 속으로 폭 파묻혀 버렸다"는 구절이 나와요. 도대체 노란 동백꽃은 어떤 꽃일까요? 소설의 무대인 춘천시 실레 마을에 피는 노란 동백꽃은 생강나무 꽃이었어요. 동백나무가 자랄 수 없는 추운 지방에서 동백나무 열매 대신 생강나무 열매에서 기름을 얻어 그렇게 불렀죠.

남부 지방에서는 전통 혼례식에 동백나무를 썼다고 해요. 늘 푸르고 열매를 많이 맺는 동백나무처럼 변하지 않는 지조와 다산을 기원하며, 동백나무 가지에 오색 깃발을 달아 혼례를 축복했어요.

제주도에서는 제주4·3 희생자를 추모할 때 동백꽃을 사용해요. 송이째 떨어진 동백꽃이 그 때 곳곳에서 죽어 간 이들의 모습과 같기 때문입니다.

여름내 꽃을 피우는
배롱나무

배롱나무 꽃

 산과 들이 초록으로 짙어질 즈음부터 여름내 붉은 꽃을 피우는 나무가 있어요. 바로 배롱나무입니다. 100일 동안 붉은 꽃을 피워서 백일홍이라 하려니 한해살이풀에 백일홍이 있어, '백일홍나무'라고 부르다가 배롱나무가 됐어요.
 중국에서는 배롱나무를 파양수(怕癢樹)라고 한대요. '간지럼 타는 나무'라는 뜻이죠.《산림경제》에도 "간지럼을 참지 못하는 나무로, 나뭇가지 사이를 손가락으로 긁으면 가지와 잎이

다 움직인다"고 나와요. 진짜 간지럼을 타는지 여러분도 살살 긁어 보세요.

　배롱나무는 따뜻한 기후를 좋아해요. 요즘은 기후 변화로 우리 나라 어디에서나 볼 수 있지만, 옛날에는 남쪽 지방의 관아와 서원, 양반 집 뜰에 주로 심었대요. 그리고 보니 제주목 관아, 안동 병산 서원, 고창 선운사, 담양 명옥헌, 논산 명재 고택 등에서 오래 된 배롱나무를 본 기억이 나요. 특히 병산 서원에는 390년 된 배롱나무가 여섯 그루 있어요. 안동시는 이 나무를 보호수로 지정했습니다. 낮은 담장 위로 핀 꽃이 어찌나 곱던지 잊히지 않아요.

　배롱나무는 여름에 꽃을 피워, 여름의 신 주작(남쪽 방위를 지킨다는 상상의 동물) 대우를 받았다고 해요. 강희안은 《양화소록》에서 배롱나무가 "비단같이 아름답고 노을처럼 곱게 뜰을 비추며, 사람의 혼을 뺄 정도로 아름답다. 피었다 금방 지는 보통 꽃과 달리 여름내 피고 화려하다"고 칭송했어요. 평생 나무를 심고 가꾼 사람이 한여름 뜨거운 햇살에도 지치지 않고 꽃을 피우는 배롱나무를 그냥 지나칠 수 없었겠지요. 선비들은 100일이 넘도록 피는 배롱나무 꽃을 보고, '멈출 때와 나아갈 때를 아는 꽃' '지속성이 강한 꽃'이라고 노래했어요.

　배롱나무 줄기는 옅은 갈색 껍질이 벗겨져 반들반들하고, 흰 무늬가 생겨요. 5~6월부터 7~8월까지 가지 끝에서 고깔 모양

제주목 관아 배롱나무

배롱나무 줄기

꽃이 계속 피고 져요. 꽃잎에 주름이 있고, 꽃 색깔은 자주색과 붉은색, 흰색이에요. 가지 하나에 꽃송이가 여러 개 달리고, 자잘한 꽃이 모여 커다란 꽃송이같이 보인답니다. 화려하고 풍성한 꽃송이가 여름철 배롱나무를 더 돋보이게 해요.

진흙 속에서 피어나는
연꽃

연꽃

    연꽃은 못이나 습지에서 자라는 여러해살이풀이에요. 진흙 속에 뿌리를 두고 있으면서도 깨끗한 잎을 내고 우아한 꽃을 피워 많은 이에게 사랑을 받아요. 삼국 시대에 불교와 함께 인도에서 한반도로 전해진 것으로 짐작해요. 백제나 신라의 기와 장식, 고구려의 고분 벽화 등 여러 곳에서 연꽃무늬가 발견되거든요.

    연꽃은 불교를 숭상한 고려 시대에 더욱 사랑을 받았어요.

송나라 사신 서긍이 쓴 《고려도경》에 따르면, 고려 사람들은 연꽃을 부처가 올라가 앉은 곳이라 생각해서 절대로 따지 않았다고 해요.

조선 시대에도 선비의 기품과 잘 맞아 '군자의 꽃'이라 여겼어요. 선비들은 연꽃을 깨끗하고 청렴한 벗이라 해서 가까이 두고자 했지요. 그래서 정자 근처에 못을 만들고 연꽃을 심었어요. 이를 연못이라 해요.

보통 식물은 꽃이 진 뒤에 열매를 맺는데, 연꽃은 꽃과 열매(연밥)가 동시에 자라요. 민간에서는 부인의 옷에 연꽃무늬를 수놓아 자손이 번성하기를 기원했어요.

요즘도 연꽃을 재배하는 곳이 많아요. 연꽃은 열매, 씨, 뿌리, 잎, 꽃자루 등 모든 부분을 먹거나 약으로 쓰기 때문이에요. 연꽃 감상은 덤이죠. 원통형 뿌리줄기는 진흙 속에서 옆으로 굵고 길게 자라요. 뿌리줄기에서 나오는 잎은 크고, 물에 젖지 않아요. 그래서 비닐 같은 포장재가 없던 시절에는 고기나 생선, 밥 등 물기가 많은 음식물을 연잎으로 쌌어요.

연꽃은 한여름에 줄기 끝에 한 송이씩 달려요. 꽃은 흰색과 분홍색 등이 있으며, 달걀을 거꾸로 세운 모양 꽃잎 16장이 모여 피어요. 선생님은 어릴 때 물 위에 핀 연꽃을 보고 '심청이 용궁에서 정말로 저 커다란 꽃을 타고 왔을지도 모른다'고 생각한 적이 있어요.

연꽃과 연밥

수련

사는 곳, 생김새가 연꽃과 닮은 수련이 있어요. 둘을 어떻게 구별할까요? 연꽃은 잎이 물 밖으로 나와 공중에 떠 있는데, 수련은 잎이 수면에 붙어 있는 점이 달라요. 연밥이 보이면 연꽃, 보이지 않으면 수련이고요.

수련은 잠잘 수(睡), 연꽃 연(蓮) 자를 써서 '잠자는 연꽃'이라는 뜻이에요. 낮에 핀 꽃이 밤에는 꽃잎을 오므려 꽃봉오리 상태가 되기 때문에 붙은 이름이죠. 하지만 연꽃도 밤에 자기는 마찬가지예요.

토종 백합
나리

나리꽃

백합은 장미, 국화와 함께 '원예 산업계의 금광'이라고 할 만큼 세계적으로 사랑을 받는 꽃이에요. '순결' '변함 없는 사랑'이라는 꽃말 때문에 결혼식에 많이 쓰고, 연인에게 선물할 때도 인기 있거든요. 중국에서는 '백 년 화합'을 줄인 말로 해석해서 부케로 사용한대요. 하지만 백합(百合)은 '비늘 조각 100개가 합쳐진 알뿌리'를 뜻하는 이름이에요.

 백합의 순 우리말은 나리입니다. '나비처럼 아름다운 꽃' 혹은 '나물'을 뜻하는 말에서 온 이름이죠. 예부터 우리 나라에 자생하는 식물이에요.

나리는 책가도(책, 벼루, 먹, 붓, 붓꽃이, 두루마리꽃이 따위 문방구류를 기본으로 하는 정물화) 같은 전통 미술 작품에 자주 나와요. 사극에서 벼슬아치를 '나리'라고 하는데, 벼슬길에 나가기를 바라는 마음을 담아 나리꽃을 그렸죠.

나리꽃은 여름철 산과 들 어디에서나 만날 수 있어요. 우리 나라에 자생하는 나리는 참나리, 털중나리, 땅나리, 하늘나리 등 여러 종류가 있어요. 나리꽃 하면 보통 참나리를 가리켜요. 참나리는 '나리꽃 중에 으뜸'이라는 뜻으로, 화단에도 많이 심지요. 참나리는 다른 나리에 비해 키가 크고, 잎겨드랑이에 까만 살눈이 줄줄이 달렸어요. 살눈은 식물에서 쉽게 땅에 떨어져 새 개체가 되는 곁눈이에요.

참나리는 꽃이 한 줄기에 열 송이 넘게 달려요. 꽃잎이 뒤로 말리는 커다란 주홍색 꽃송이에 주근깨처럼 검은 점이 많아요. 이 점이 마치 호랑이 무늬 같아서 '호랑나리'라고도 해요. 기다란 줄기에 가냘프게 매달린 꽃송이가 바람결에 흔들리는 모습이 멀리서 보면 표범나비 무리가 나는 듯해요.

선생님이 살던 시골집 담장 아래 여름이면 나리꽃이 환하게 피었어요. 검붉은 수꽃 꽃가루를 따서 손톱에 물들이거나 눈썹을 그리고 놀았답니다.

참나리와 살눈

백합

밀폐된 공간에 백합과 함께 있으면 질식할 위험이 있다거나 병문안에 백합을 선물하면 안 된다는 이야기를 들어 봤나요? 이는 백합의 진한 향기에서 비롯한 오해거나 서양에서 장례식 때 백합을 사용하기 때문이 아닐까 싶어요. 그래도 걱정되면 백합보다 향기가 덜하고 이름도 예쁜 나리꽃이 어떨까요?

꽃의 왕
모란

모란(경복궁)

《삼국유사》에 선덕 여왕과 모란꽃 이야기가 있어요. 선덕 여왕이 아직 공주일 때, 당나라 태종이 보낸 모란꽃 그림을 보고 "꽃은 비록 고우나 그림에 나비가 없으니 반드시 향기가 없을 것이다"라고 했대요. 씨앗을 심어 보니 과연 향기가 없어서 공주의 지혜에 모두 감탄했다는 거예요.

이 이야기 때문에 모란꽃이 향기가 없는 줄 아는 사람이 많아요. 하지만 향기가 있어요. 당연히 벌과 나비도 찾아오고요. 당 태종은 왜 나비가 없는 모란꽃 그림을 공주에게 보냈을까요? 공주는 "남편이 없는 나를 놀린 것이다"라며 당 태종이 그림을 보낸 의도까지 알아맞혔다고 해요. 우리 나라 역사에서 최초로 여왕에 오를 만한 능력이 있는 인물임을 보여 주는 이야기입니다.

옛날 사람들은 화려하고 탐스럽게 피는 모란꽃을 온갖 꽃 중에 가장 아름다운 꽃이라 여겼어요. 그래서 꽃의 왕(화왕)이라 칭송하며, 모란꽃이 부귀를 상징한다고 생각했지요. 고려 시대 왕과 귀족은 집 안에 모란을 반드시 심었대요. 왕비나 공주의 옷에 모란꽃을 수놓고, 혼례용으로 모란도 병풍을 쓰기도 했어요.

조선 시대에 모란도 병풍은 양반과 민간 혼례에도 사용했어요. 비단옷과 침구에 모란꽃을 수놓고, 도자기와 나전칠기 등에 부귀의 상징인 모란꽃 무늬를 넣었어요.

모란과 닮은 작약이 있어요. 모란과 작약은 전문가가 아니면 구별하기 어려울 정도로 비슷해요. 가장 쉬운 방법은 나무줄기가 있나 없나 보면 돼요.

작약은 70센티미터 정도 자라는 여러해살이풀이에요. 겨울이면 줄기와 잎이 모두 떨어져 땅 속에 뿌리만 남았다가, 봄에

모란도 병풍(국립고궁박물관)

작약

자주색 새순이 땅을 뚫고 나와요. 모란은 우리말이고 한자로 '목단(牡丹)'이라고 해요. 떨기나무라 나뭇가지 끝에서 새순이 나오고, 높이 2미터까지 자라요. 겨울이면 잎이 떨어진 가지가 남아요. 작약은 둥글고 길쭉한 잎 세 장이 모여나고, 모란은 둥글넓적한 잎이 오리발처럼 갈라진 점도 달라요.

정승과 학자의 상징
회화나무

회화나무(창덕궁)

창덕궁의 정문인 돈화문으로 들어서면 기품 있게 생긴 나무 여덟 그루가 보여요. 천연기념물로 지정된 창덕궁 회화나무 군이에요. '동궐도'를 보고 이 나무들이 적어도 300~400년 됐다고 짐작해요. 조선 시대 궁궐에는 소나무와 회화나무를 많이 심어 가꿨어요. 소나무는 왕을, 회화나무는 삼정승을 상징한다고 합니다.

정승이 살던 집이나 공자를 모신 문묘, 서원이나 향교에도 회화나무가 있어요. 이황 선생님은 선비 정신을 일깨우기 위해 도산 서원에 회화나무를 심었어요. 450년이 넘는 이 회화나무는 아쉽게도 20여 년 전에 말라 죽고, 지금은 1000원짜리 지폐 뒷면에 그림으로 남았지요.

회화나무는 정승이나 공을 많이 세운 관리에게 임금이 상으로 내렸어요. 과거에 급제하거나 벼슬을 그만두고 고향으로 돌아온 선비도 회화나무를 심어 '학문에 힘쓰는 선비가 사는 곳'임을 알렸대요. 집 안에 심으면 가문이 번창하고 큰 인물이 나온다고 회화나무를 귀하게 여겼어요. 그래서인지 남사예담촌 양반 집에도 오래 된 회화나무가 자주 눈에 띄어요. 금실 좋은 부부가 떠오르는 부부 회화나무도 있어요. 그 나무 아래로 부부나 연인이 손을 잡고 지나가면 백년해로 한다는 이야기가 전해 와요.

옛날에는 회화나무가 귀한 대접을 받아 신분이 낮은 사람 집에는 심지 못했다지만, 요즘은 전국 어디에서나 흔히 볼 수 있어요. 가지치기하지 않아도 나뭇가지가 사방으로 고루 뻗는 모양이 아름답고, 성장이 빠르며 공해와 매연에 강해 공원이나 도심 가로수로 많이 심어요.

회화나무는 잎과 꽃, 꼬투리처럼 생긴 열매가 아까시나무와 비슷해요. 아까시나무 꽃이 5월에 피고, 회화나무 꽃은 무

부부 회화나무

회화나무 꽃

회화나무 열매

더위가 기승을 부리는 7~8월에 피어요. 아까시나무는 수명이 100년 남짓 살지만, 회화나무는 1000년 넘게 살아요. 은행나무, 느티나무, 팽나무, 왕버들과 함께 오래 사는 나무에 들지요.

오래 된 회화나무일수록 '학자 나무'라는 별명답게 아름답고 강인해 보여요. 영어 이름도 '스칼라 트리(Scholar tree)'입니다. 그래서 요즘은 회화나무를 학교에 많이 심고, 교목으로 정한 곳도 꽤 있어요.

중국에서 회화나무를 괴(槐)라 적고 회로 발음하기 때문에, 우리 나라에서는 회화나무라 불렀다고 해요. 괴(槐)는 나무 목(木)과 귀신 귀(鬼)를 합한 글자라서, 이 나무가 귀신을 쫓는다고 믿었다는 이야기도 있어요.

나무에 피는 연꽃
목련

백목련

목련은 공룡이 살던 백악기(1억 4500만~6600만 년 전) 화석에서 발견된 원시 식물이에요. 원시 식물이란 꽃의 구조가 뚜렷하게 구분되지 않는 식물을 말해요.

  꽃은 암술과 수술, 꽃잎, 꽃받침으로 이뤄지는데, 목련은 꽃잎과 꽃받침이 명확히 구분되지 않아요. 목련이 처음 생겼을 때는 벌과 나비가 없었고, 암술과 수술도 딱딱해서 꽃가루받이를 딱정벌레가 해 줬어요. 딱정벌레와 맺은 공생 관계를 1억

년이 지난 지금까지 유지하는 셈이죠. 손가락만 하고 울퉁불퉁한 목련 열매는 가을에 완전히 익어 벌어지면서 빨간 콩처럼 생긴 씨가 드러나요. 씨방도 원시적이라 씨를 완벽하게 감싸지 못하거든요.

우리 조상은 예부터 집 주변에 목련을 심고 꽃과 잎은 약재로, 나무는 건축재로 썼어요. 《동의보감》에 따르면 목련 꽃봉오리가 코막힘이나 콧물이 흐르는 것을 낫게 하고, 치통을 멎게 하며, 눈을 밝게 한대요. 《삼국유사》에는 수로왕이 아유타국 공주 허황옥을 맞이하는 배의 방향을 조종하는 키는 목련으로, 노는 계수나무로 만들었다고 나와요. 이처럼 목련은 재질이 치밀해서 가구나 도구를 만들기에 좋은 재료라고 해요.

목련(木蓮)은 '나무에 핀 연꽃'이라는 뜻이에요. 식물은 보통 따뜻한 남쪽을 향해 꽃이 피는데, 목련꽃은 북쪽을 향해 피어서 '북향화'라고도 해요. 가지 끝에 달린 겨울눈은 손가락 한 마디만 하고, 추위를 이겨 내기 위해 부드러운 털옷을 입고 있어요. 꽃눈이 붓처럼 생겨서 '목필화'라고도 하죠. 봄 기운이 느껴지자마자 털옷을 훌훌 벗고 꽃봉오리를 터뜨려요. 가지 끝마다 커다란 꽃이 나무 가득 피고 은은한 향기가 좋아 정원에 많이 심어요.

목련 종류는 목련(토종 목련), 백목련, 자목련, 자주목련, 함박꽃나무 등이 있어요. 토종 목련은 일본과 제주도 한라산 등

목련

자주목련

함박꽃나무

백목련 열매

에서 자생해요. 토종 목련은 꽃잎 여섯 장이 젖혀진 듯 보여요. 우리가 흔히 보는 목련은 대부분 백목련과 자목련으로 100여 년 전 중국에서 들어왔어요.

백목련과 자목련은 완전히 피어도 반쯤 벌어지고, 꽃받침 석 장이 꽃잎과 비슷한 모양으로 변해서 꽃잎이 아홉 장인 듯 보여요. 하얀 꽃이 피는 백목련과 자주색 꽃이 피는 자목련을 교배한 자주목련은 꽃잎 안쪽은 하얗고 바깥쪽은 자주색이에요.

목련 종류는 모두 잎보다 꽃이 먼저 피는데, 산에서 자라 '산목련'이라고도 하는 함박꽃나무는 잎이 먼저 나고 꽃이 나중에 피어요. 지리산에서 함박꽃을 만났는데, 이름처럼 함박웃음을 짓는 것 같아 덩달아 기분이 좋았어요.

마을 수호신
정자나무 이야기

시골 마을 어귀에 우뚝 선 나무를 본 적 있나요? 가지가 많고 잎이 무성하며 크고 오래 산 이런 나무를 정자나무라고 해요. 정자나무 그늘 아래에서 사람들이 모여 쉬거나 놀고, 마을 일을 의논하기도 했지요.

정자나무는 마을 사람들과 오래 지냈기에 많은 이야기가 깃들었어요. 정자나무에 소원을 빌거나 제사를 지내는 마을도 있고요. 그래서 정자나무를 '당나무(당산나무)' '신목'이라고도 해요. 오랜 세월 마을을 지켰으니 이런 대접을 받겠지요?

우리 나라 대표 정자나무
느티나무

느티나무 정자

선생님이 다니는 학교는 역사가 100년 가까이 돼요. 교문에 들어서면 커다란 느티나무가 눈에 띄어요. 학교의 터줏대감이지만 결코 텃세를 부리지 않고, 아이들이 잘못한 일이 있어도 너그럽게 품어 줄 듯한 모습이에요.

선생님은 크고 오래 살아 온 나무(노거수)를 보면 경외감이 들고, 위풍당당한 모습이 신비로워요. 나라에서 그런 나무를 천연기념물이나 보호수로 지정하고 관리해요. 천연기념물로 지정된 나무 중 느티나무가 19건으로, 은행나무(25건) 다음으로 많아요. 보호수 1만 3870그루 중 느티나무가 7238그루로 절반이 넘고요(2023년 기준).

우리 나라 정자나무는 대부분 느티나무예요. 크고 아름답고 오래 된 느티나무가 마을을 지켜 주고, 그늘에 앉은 사람들을 보살펴 주는 것만 같아요.

느티나무는 생김새가 멋지고 크게 자라며, 오래 살아요. 한여름 무더위에 시원한 그늘을 드리우고, 가을이면 노랗게 물드는 단풍이 아름다워요. 부산광역시 기장군 장안리 느티나무와 경기도 화성시 증거리 느티나무는 1300년이 넘게 산 것으로 추정해요. 이 밖에도 1000년이 넘은 느티나무가 10여 그루 더 있어요.

느티나무 목재는 무늬가 아름답고 재질이 단단해서 마루판, 건축물의 기둥, 고급 가구, 공예 재료 등으로 다양하게 쓰였어요. 1000년을 견딘 경북 영주에 있는 부석사 무량수전 기둥과 경남 합천에 있는 해인사 《팔만 대장경》 경판을 보관하는 건물의 기둥, 불상 등 느티나무로 만든 문화재가 아주 많아요.

이름은 싹을 늦게 틔워 '늦튀나무'라고 부르다가 느티나무가 됐다고도 하고, 어릴 때는 그저 그렇다가 늦게 멋진 티가 나서 '늦티나무'라고 하다가 느티나무가 됐다고도 해요. 누런 회화나무, 즉 '눈회나무'에서 유래했다는 설이 널리 받아들여져요.

느티나무(하회마을)

느티나무 가로수

느티나무는 한자어로 '괴목(槐木)'이라고 해요. 이름에 느티나무 괴(槐) 자를 쓴 충북 괴산에는 멋지고 오래 된 느티나무가 많아요. 앞에서 봤듯이 나무 목(木)에 귀신 귀(鬼)가 붙은 괴(槐) 자는 회화나무를 뜻하기도 해요. 오래 살고 크게 자란 모습이 신령스러운 나무에 그런 한자 이름을 붙였나 싶어요. 예부터 느티나무를 신성하게 여긴 의미도 있는 모양이에요.

남부 지방 마을 지킴이
팽나무

창원 북부리 팽나무

"이 팽나무는 또 얼마나 멋집니까? 어린 시절 저 나무 타고 안 논 사람이 없고, (……) 우리 마을을 든든하게 지켜 주는 당산나무입니다."

　몇 년 전 인기리에 방영한 드라마 〈이상한 변호사 우영우〉에 나온 대사예요. 경남 창원에 있는 북부리 팽나무 아래에서 한 말이죠. 500년쯤 된 이 팽나무는 드라마에 나오고 그 가치를 인정 받아 천연기념물로 지정됐어요. 드라마 인기에 힘입어

'우영우 팽나무'라고도 불려요. 팽나무는 수명이 길고 생김새가 멋져, 느티나무와 소나무에 이어 세 번째로 보호수가 많아요. 천연기념물로 지정된 팽나무도 2024년 현재 7건이나 된다고 해요.

　선생님이 다니던 초등 학교 근처에 400~500년 된 할아버지 팽나무와 할머니 팽나무가 있어요. 할아버지 팽나무와 할머니 팽나무는 우영우 팽나무처럼 아이들 놀이터, 뙤약볕에 지친 농부의 쉼터, 마을 사람들이 중요한 일을 의논하는 광장, 단옷날 잔치를 열고 음식을 나눠 먹은 곳이죠. 할아버지 팽나무와 할머니 팽나무를 마을 수호신으로 여겨, 지금도 대보름에 한 해의 풍년과 무병장수를 빌며 정성스레 제를 올려요.

　어릴 적 친구들과 비비탄같이 동그란 팽나무 열매를 대나무로 만든 장난감 총에 넣고 쏘며 놀았어요. 이것을 '팽총'이라고 부르는데, 열매를 쏠 때 팽~ 소리가 나서 팽나무가 됐다고 하지요. 남부 지방에서는 팽나무를 '포구나무'라고 불러요. 포구 주변에서 자라는 팽나무에 배를 묶었기 때문이에요. 이처럼 팽나무는 소금기 있고 바닷바람이 쌩쌩 부는 곳에서도 잘 자라요. 세월호가 침몰한 비극의 현장인 팽목항은 팽나무가 많아서 붙은 이름이에요.

　팽나무와 느티나무는 꽃이나 잎 모양이 헷갈릴 정도로 닮았어요. 느티나무는 중부 지방과 북쪽, 수도권에 많고, 팽나무는

느티나무 껍질

팽나무 껍질

남부 지방에서 자주 눈에 띄어요. 둘 다 4월에 잎과 연두색 꽃이 동시에 나지만, 꽃이 작아 잘 보이지 않아요. 잎 모양도 아주 비슷해요.

비교적 쉽게 구별하는 방법은 열매를 보면 돼요. 열매가 달리면 팽나무, 열매가 작아서 달린 건지 아닌지 아리송하다면 느티나무입니다. 열매가 없을 때는 나무껍질을 보면 알 수 있어요. 나무껍질이 갈라져 좀 지저분해 보이면 느티나무, 매끈하면 팽나무지요.

살아 있는 화석
은행나무

은행나무(창덕궁)

은행나무는 공룡이 있던 때부터 지금까지 살아서 '살아 있는 화석'이라고 불러요. 무수한 기상 이변과 대멸종 시기까지 이겨 내고 살아 남다니 생명력이 대단하지요? 하지만 국제자연보호연맹은 은행나무를 멸종 위기종으로 지정했어요. 우리 주변에서 흔히 볼 수 있는데, 왜 그랬을까요? 은행나무 열매는 구린내를 풍기고 독성이 있어, 동물이 거들떠보지도 않습니다. 그래서 사람의 도움 없이는 야생에서 스스로 퍼져 자랄 수 없기 때문이에요.

우리 조상은 오래 전부터 은행나무를 심어 아름다운 단풍과 그늘을 누리고, 귀한 약재를 얻었어요. 큰 은행나무 곁에 지은 정자를 은행정이라고 해요. 선생님이 사는 마을을 비롯해 우리나라에 은행정이라는 마을도 여러 군데 있어요. 경기도 양평에 있는 용문사 은행나무는 1100년쯤 살았어요. 의상 대사가 짚고 다니던 지팡이를 꽂은 것이 자란 나무라고도 하고, 신라의 마지막 왕자인 마의 태자가 나라를 잃고 금강산으로 가다가 심은 나무라고도 해요. 500년은 젊은 축에 들 정도로 오래 산 은행나무가 전국 곳곳에 많아요.

나라에서 인재를 양성한 기관인 성균관, 최초의 사립 교육 기관인 소수 서원을 비롯해 지금도 남아 있는 공립 교육 기관인 향교 앞에는 거의 빠짐없이 오래 된 은행나무가 있어요. 학문을 닦는 공간을 '행단(杏壇)'이라 했는데, 이는 공자가 은행나무 단에서 제자를 가르친 고사에서 유래한 말이에요. 공자와 그 제자들을 본받으려고 은행나무를 심었죠.

은행나무는 햇볕을 좋아하고 뿌리가 깊어 마른 땅에서도 잘 자라요. 4월에 꽃이 피지만, 작고 연한 노란색이라 눈에 잘 띄지 않아요. 암나무와 수나무가 따로 있고, 열매는 살구처럼 생

은행나무 꽃

은행나무 열매

은행나무 가로수

긴 은빛 씨를 품고 있지요.

  가을이면 고약한 냄새를 풍기는 열매(은행)를 떨구는 은행나무를 왜 가로수로 심었을까요? 노랗게 물드는 단풍이 아름답고, 병충해에 강해서 관리하기 쉬우며, 자동차 배기 가스를 흡수해 공기를 정화하기 때문이에요.

건국 설화에 등장하는
버드나무

버드나무 정자

 버드나무는 가지가 길게 늘어져 바람이 조금만 불어도 춤추는 것 같아요. 이런 모습을 보고 '부들나무'라고 하다가 '버들나무'로 변하고, 다시 버드나무가 됐어요. 버드나무는 종류가 많지만, 예부터 뭉뚱그려 버드나무라고 불렀어요. 물이 많은 곳을 좋아하고 빨리 자라며, 수명이 길지 않다는 공통점이 있기 때문이에요.
 하지만 왕버들은 습한 곳을 좋아하는데도 수백 년이나 살아요. 모양새가 아름다워 정자나무로도 심었지요. 습기가 많은 곳에서 수백 년을 살다 보니 나무 속이 잘 썩고, 줄기에 커다란 구멍이 뚫리기도 해요. 그 구멍으로 들어간 곤충이 빠져 나오지 못해 죽으면 동물 세포에 있던 물질이 비 오는 날 밤에 푸른 빛을 낸대요. 이 빛이 도깨비불처럼 보여서, 집 안에는 왕버들을 심지 않았다고 해요.

우물가에 버드나무가 많아요. 버드나무 뿌리가 물을 정화하는 기능이 뛰어나서, 일부러 우물가에 심었기 때문이지요. 우물가에 자라는 버드나무는 건국 설화에 등장해요.

고려 태조 왕건이 임금이 되기 전, 나주에서 견훤과 전투를 벌일 때 일이에요. 오색구름을 따라가니 아름다운 여인이 빨래를 하고 있었어요. 물을 달라고 하자, 여인이 바가지에 버들잎을 띄워서 바쳤어요. 왕건은 여인의 총명함에 반해 왕비로 맞아들였지요. 이 여인이 뒷날 고려 두 번째 임금 혜종을 낳은 장화 왕후입니다.

조선 태조 이성계가 등장하는 이야기도 비슷해요. 이성계가 젊은 시절 사냥을 하다 목이 말라 물을 찾았어요. 우물가에 있던 여인이 물을 떠 주면서 급히 마시면 체한다고 버들잎을 띄워 올렸대요. 이성계는 그 마음에 감동해서 여인과 혼인했어요. 이 여인이 뒷날 조선 최초의 왕비 신덕 왕후랍니다.

고창 하고리 왕버들나무 숲(전북특별자치도 자연유산)은 하

고창 하고리 왕버들나무 숲

버들강아지

천 둑을 따라 200~300년 된 느티나무와 소나무, 느티나무, 왕버들이 울창해요. 특히 왕버들은 뒤틀리고 굵은 줄기에서 뻗은 가지가 아주 멋져요. 마을 앞을 흐르는 하천이 흘러 넘치는 것을 막기 위해 심었는데, 지금은 마을 사람들의 쉼터로 사랑을 받는대요. 세조와 숙종, 영조 때 홍수나 적의 침입을 막기 위해 버드나무를 심었다는 기록이 있어요.

　버드나무 꽃눈은 솜털 옷을 입고 있다가 이른 봄, 잎이 나기 전에 물이 잔뜩 오른 가지에서 꽃을 피웁니다. 버드나무는 암수딴그루로 암꽃은 녹색, 수꽃은 노란색을 띠지요. 꽃이 강아지풀과 닮아서 버들강아지라고 해요. 가까이에서 보면 자잘한 꽃이 부푼 모습이 수수하면서도 예뻐요.

제사와 관련이 있는
나무 열매

우리 선조들은 꽃과 나무를 보고 즐기기 위해 심기도 했지만, 생활에 필요한 과일을 얻으려고 다양한 나무를 심었어요. 숲 속에 돌배나무, 산자락에 밤나무, 밭둑에 대추나무, 집 주변에 감나무를 심어 제사상에 올릴 과일을 준비했고요.

30년 전만 해도 우리 사회에서는 조상에게 지내는 제사를 중요하게 여겼어요. 요즘 들어 제사는 물론 혼례와 장례 등 가족 문화가 급격히 변해서, 어쩌면 다음 세대에는 제사 문화가 사라질지도 몰라요. 그래도 조상을 공경하는 마음은 잊지 않았으면 해요. 그 마음이 제사의 본질이니까요.

왕을 상징하는
대추

나무에 달린 대추

우리 조상은 제사에 정성을 다했어요. 제사를 잘 모셔야 조상이 저승에서 굶지 않고, 자손도 복을 받는다고 생각했기 때문이에요. 그래서 아무리 간소한 제사라도 네 가지 과일(대추, 밤, 배, 감)은 반드시 올렸어요. 한자어로 조율이시(棗栗梨柿)라고 하지요. 제사상에 올리는 과일 중에 첫째가 대추예요. 대추는 씨가 한 개 들었고, 열매에 비해 씨가 커서 왕을 상징한대요.

대추나무 꽃은 작고 색깔도 잎과 비슷해요. 이 꽃이 다닥다닥 피는데, 폭풍우가 불어도 반드시 열매를 맺은 뒤에야 꽃이 떨어져요. 대추도 가지가 부러질 정도로 많이 열려요.

예전에는 혼례를 신부집에서 하고, 신랑집으로 가서 폐백을 드렸어요. 폐백은 신부가 시가 어른께 처음 인사를 드리는 의식이에요. 신부가 큰절을 올리면 시어른이 신부 치마폭에 대추를 던졌어요. 이 풍습에는 주렁주렁 열리는 대추처럼 자손을 많이 낳고, 단단한 대추 씨처럼 건강하게 키우라는 뜻이 담겨 있대요.

대추나무의 특성은 속담에 잘 드러나요. '대추나무 방망이 같다'는 대추나무로 만든 방망이처럼 옹골지고 단단해서 어렵고 힘든 일이라도 잘 견디고 해내는 사람을 빗댄 말이에요.

대추나무는 무겁고 단단해서 떡메, 떡살, 달구지, 도장 등을 만들었어요. 특히 벼락 맞은 대추나무는 도끼로도 잘 쪼개지지 않을 정도라서 도장이나 염주를 만드는 귀한 재료였대요. 씨앗이 단단해서 3년 동안 싹이 나지 않기도 할 만큼 싹 트는 시기가 늦어요.

'대추나무에 연 걸리듯'은 여기저기 빚이 많을 때 쓰는 말이에요. 대추나무는 가시가 있고 곁가지가 많아서 가지치기하지 않으면 덤불처럼 돼요. 얽히고설킨 가지에 연이 걸리면 꺼낼 엄두가 나지 않죠.

마른 대추와 씨

대추나무

'대추 세 개로 한 끼 요기한다' '대추 세 알이면 죽어 가는 이도 살린다'는 속담은 대추가 영양분이 많은 과일이자 뛰어난 약재라는 뜻이에요. 조선 후기 생활 백과사전 《산림경제》에는 "대추가 다른 과일에 비해 당도가 높아 말려서 저장했다가 병사들의 양식으로 활용했다" "대추를 먹고 배고픔을 줄이며 곡식을 대신했다"는 기록이 있어요.

'삼복에 비가 오면 보은 처녀 울겠다'는 속담도 있어요. 예부터 보은이 대추 산지로 유명했거든요. 보은, 청산 등지에 대추가 번성하고 이 지역 대추에 벌레가 적어 가장 귀하게 여긴다는 기록이 있어요. 지금도 보은 대추를 최고로 쳐요.

삼정승을 상징하는
밤

밤송이

밤은 예전에 중요한 먹을거리였어요. 탄수화물을 비롯해 사람에게 필요한 영양분이 골고루 들었거든요. 고려 예종은 농경지를 제외하고 나무가 자랄 만한 곳에 밤나무와 옻나무, 닥나무를 심으라고 명을 내렸어요.

　조선 시대에는 밤나무 재배를 장려했어요. 밤이 먹을거리로도 중요했지만, 유교 이념에 따른 조상 숭배 사상과 출세하고자 하는 욕망이 크게 영향을 미쳤거든요. 밤은 한 송이에 세 톨이 들어 벼슬아치로서는 최고의 관직인 삼정승을 뜻하고, 조상을 잊지 않는 열매로 여기기도 했어요.

밤은 땅에 떨어져 싹이 돋고, 자란 밤나무가 열매를 만들 때까지 뿌리에 밤톨이 계속 붙어 있대요. 이런 밤의 특성을 확인하기 위해 밤나무를 캐 보니 정말 밤톨이 달렸더라고요. 그런데 형태를 유지한 껍질과 달리 속은 비어 있었죠.

식물 씨앗은 대부분 싹이 나오고 자라면 썩어 사라지지만, 밤톨은 본래 모습을 유지하니 조상을 잊지 않는다고 생각한 모양이에요. 낳아 준 부모의 은혜를 잊지 말자는 의미로 산소 주위에 밤나무를 심은 이유도 이런 특성 때문이에요. 죽은 사람의 이름을 적은 위패와 제사 때 사용하는 그릇도 밤나무로 만들었어요.

선생님 아버지는 추석 차례를 지내기 위해 밤을 수확하다가 벌어진 밤송이에서 밤이 한 톨 나오면 "옜다, 너 먹어라" 하셨어요. 그 때는 왜 굵고 좋은 밤을 제사상에 올리지 않고 먹으라고 주시는지 몰랐어요. 알고 보니 한 송이에 세 톨이 든 밤은 출세하기를 바라는 마음을 담아 제사상에 올리고, 한 톨이 든 밤은 후손이 귀해진다고 올리지 않았대요.

오늘날같이 냉장고가 없던 시기에 밤을 어떻게 보관했다가 설날 차례상에 올렸을까요? 《임원경제지》에 따르면, 밤 속껍질을 태운 재와 물을 섞어 만든 잿물을 밤에 뿌리고 이틀 정

싹이 나도 본래 모습을 유지하는 밤톨

밤꽃

밤나무

도 말린 다음 항아리에 넣고 모래나 흙을 덮어 두면 해가 지나도 벌레가 생기지 않는대요. 《임원경제지》를 읽으며 아버지께서 항아리에 모래를 가득 채우고 밤톨을 넣기도 하고, 일부는 부엌 아궁이 앞에 구덩이를 파고 묻어 둔 이유를 알았어요. 겨울이면 그 알밤을 꺼내서 아궁이나 화롯불에 구워 먹은 기억이 새록새록 나네요.

요즘은 벌을 치고 목재를 얻기 위해 산자락에 밤나무를 심어요. 꽃이 많이 피고 진한 향기를 풍기며 꿀도 푸짐해서 벌이 좋아하지요. 밤나무 목재는 단단하지만 가공하기 쉽고, 물과 습기에 강해요.

육조 판서를 상징하는
배

배

삼한과 신라 시대 문헌에 배나무를 재배했다는 기록이 있고, 고려 때는 왕실 정원에 배나무를 심고 재배를 장려했대요. 이를 보면 우리 나라도 배나무 재배 역사가 오래 됐음을 알 수 있지요.

  조선 시대에는 배를 반드시 제사상에 올렸어요. 배는 씨가 여섯 개라 육조 판서를 상징한다고 생각했거든요. 판서가 높은 벼슬이니 조상에게 배를 바치며 후손 가운데 판서가 나오기를 간절히 바랐지요.

　배를 오래 보관하려면 응달에 깊은 구덩이를 파고 바닥에 습기를 없앤 다음 묻어야 해요. 이 때 배 사이사이에 무를 넣어 서로 붙지 않게 하고요. 그러면 해가 바뀌어도 배가 상하지 않았대요. 이런 저장 기술로 설날 차례상에도 배를 올렸다니 조상의 지혜가 놀라워요.

　《동의보감》《본초강목》 등 한의학 책에 보면 배가 폐를 보호하고 기침을 멎게 해 감기와 기관지 질환, 가래에 효과가 있다고 합니다. 달콤하고 시원한 배즙은 소화가 잘되고, 목이 아플 때 좋대요. 그래서 도라지, 생강, 인삼 등과 함께 갈아서 마시거나 요리에 넣기도 해요.

　허균이 전국의 식품과 명산지를 기록한 《도문대작》에 강원도 정선의 금실배와 고산의 붉은배, 강릉의 하늘배, 황해도 곡산의 큰배, 평안도 산촌의 검은배 등이 나와요. 조선 시대에도 품종이 다양한 배가 널리 재배됐음을 짐작할 수 있어요.

　전북 진안 마이산 은수사에 640년이 넘은 청실배나무가 있어요. 천연기념물로 지정된 이 나무는 태조 이성계가 왜구를 물리치고 와서 기도하고 심은 씨앗이 싹튼 거래요. 청실배는 왕실에 진상하던 명품 토종 배로 유명해요. 진상은 각 지방에서 나는 토산물을 임금에게 바치는 것을 말해요. 하지만 청실배와 일본 품종을 교배해 새로운 품종이 전국적으로 퍼지면서 토종

배꽃

돌배

돌배나무(경복궁)

배는 거의 사라졌대요.

  우리 나라에 야생하는 배는 돌배예요. 돌배나무는 결이 곧고 재질이 치밀해서 가구나 조각을 만드는 목재입니다. 팔만대장경 목판 제작에 산벚나무와 함께 쓰이기도 했어요. 배 하면 커다랗고 둥근 갈색 과일이 떠오르죠? 골프공만 한 돌배는 단단하고 껍질도 거칠어서 먹기에 좋지 않아요. 돌배나무와 콩배나무 열매는 선생님 어릴 때 군것질거리였어요. 지금 생각하면 달지도 않고 신맛이 강한 돌배를 어떻게 먹었는지 몰라요. 더구나 콩배나무 열매는 콩알만 해서 먹을 게 없는데 말이에요. 최근 연구 결과에 따르면, 돌배가 기관지 질환과 혈압 조절, 심장병과 노화 방지 등에 좋은 성분이 풍부하다고 해요.

팔도 관찰사를 상징하는
감

주렁주렁 열린 감

파란 가을 하늘 아래 빨갛게 익은 감이 매달린 풍경을 보면 홍시처럼 달콤한 기억이 떠올라요. 선생님이 어릴 때는 달콤하고 쌉싸래한 감꽃을 먹기도 하고, 실에 꿰어 목걸이를 만들기도 했어요. 익지 않은 초록색 감은 땡감이라고 하며, 떫은맛이 강해요. 소금물이 든 항아리에 땡감을 넣고 따뜻한 아랫목에 며칠 두면 떫은맛이 사라지고 단맛이 나요.

잘 익은 감은 잎과 함께 항아리에 넣어 두는데, 엄마 몰래 꺼내 먹다가 혼난 적이 많아요. 달콤한 홍시와 곶감을 맛보면 꾸중도 무섭지 않았어요. 호랑이보다 곶감이라는 말에 울음을 그친 아기처럼요.

홍시가 되기 전에 감 껍질을 벗겨 말리면 곶감이 돼요. 감나무는 추우면 얼어 죽기 때문에 옛날에는 한강 이북에서 자라지 못했다고 해요. 그런데도 감이 나오지 않는 계절이나 지방에서 제사상에 올리기 위해 곶감을 만든 조상의 지혜를 엿볼 수 있지요. 감은 씨가 여덟 개라 조선 팔도를 뜻한다고 보고, 후손이 출세해서 각 도의 으뜸 벼슬인 관찰사가 되길 바라는 마음을 담아 제사상에 올렸대요.

꾸미거나 고친 것을 전혀 눈치챌 수 없을 때 감쪽같다고 해요. 이는 '감접 같다'가 바뀐 말이에요. 감접은 고욤나무에 감나무 가지를 접붙이는 일인데, 그러면 감이 더 잘 열려요. 어린 시절에 아버지가 고욤나무 줄기를 자르고 대봉감 가지를 맞물리게 붙인 다음 헝겊으로 감싸는 걸 봤어요. 진짜로 감이 나올지 궁금했는데, 몇 년 뒤에 커다란 대봉감이 열리기 시작해서 얼마나 신기했는지 몰라요. 고욤나무에 접붙인 감나무가 커다란 감을 주렁주렁 다는 것처럼, 출신을 탓하지 않고 자손이 훌륭한 사람이 되기를 바라는 마음을 담아 제사상에 올리기도 한대요.

옛 조상은 감나무를 버릴 것이 하나도 없는 '오상칠절'이라고

감꽃

까치밥

예찬했어요. 오상(五常)은 인간이 갖춰야 할 다섯 가지 기본 덕목을 뜻해요. 잎이 넓어 종이 대신 글을 쓸 수 있어 문(文), 탄력 있는 목재는 화살촉으로 쓰여서 무(武), 감은 겉과 속이 모두 붉어 충(忠), 홍시는 달고 부드러워 이가 없는 노인도 먹을 수 있으니 효(孝), 서리 내리는 늦가을까지 감이 달려 있어 절(節)이에요.

칠절(七絶)은 일곱 가지 장점을 뜻해요. 오래 살고, 잎이 크고 풍성해서 그늘이 좋으며, 새가 집을 짓지 않고, 벌레가 생기지 않으며, 단풍이 아름답고, 열매가 맛이 좋고, 낙엽은 거름이 되는 거예요.

늦가을 높은 가지에 몇 개 남은 감을 '까치밥'이라고 해요. 붉은 열매가 대롱대롱 매달린 풍경을 보니 입 안 가득 퍼지는 달콤함과 그리움이 파노라마처럼 펼쳐져요.

귀한 대접을 받은
앵두

앵두

"먹어도 되는 거예요?"

점심 시간에 학교 숲에서 앵두를 따 먹고 있으니, 한 학생이 묻네요.

"그럼, 새콤달콤한 앵두야. 너도 먹어 보렴."

하나 먹더니 맛이 없다며 가 버렸어요. 예전 시골에는 집마다 앵두나무가 한 그루쯤 있을 정도로 친근했어요. 그런데 요즘은 앵두를 모르는 사람이 많고, 잘 먹지도 않더라고요.

꾀꼬리가 먹는 복숭아라고 꾀꼬리 앵(櫻), 복숭아 도(桃) 자를 써서 '앵도'라 부르다가 앵두가 됐어요. 새들이 좋아해서 날아오는 모습만 봐도 앵두가 익은 걸 알 수 있죠. 4월에 흰색 꽃이 잎보다 먼저 피고, 5월 말쯤 열매가 빨갛게 익어요.

《고려사》에 따르면, 음력 4월 보름에는 앵두를 제사에 올렸대요. 이 전통이 조선 시대에 이어져 앵두와 살구를 제기에 담았으며, 1512년(중종 7) 임금이 승정원과 홍문관에 앵두를 하사했다는 기록이 있어요. 《동의보감》에도 앵두가 모든 과실 가운데 제일 먼저 익어 귀하게 여겼다고 나와요. 고려와 조선 시대 제사에 쓰이고, 임금이 하사할 만큼 귀한 대접을 받은 과일임을 알 수 있죠.

문종이 세자일 때 경복궁 후원에 앵두나무를 심고, 나중에 익은 앵두를 따서 아버지께 드렸대요. 이에 세종께서 무척 기뻐하며 세자의 효심을 칭찬했다고 해요. 이런 일화 때문인지 앵두는 효를 상징하는 과일이 됐고, 조선의 궁궐에 앵두나무가 많아요.

앵두나무가 형제 사이의 우애를 상징하기도 해요. 키가 작고 땅에서 가지가 갈라지는 앵두나무는 가지마다 열매가 다닥다닥 달려, 아이들이 사이좋게 따 먹을 수 있기 때문이에요. 그래서인지 조선 시대 양반 집은 정원에 앵두나무를 한두 그루씩 심었다고 해요.

꽃 핀 앵두나무(창덕궁)

토종 앵두

양앵두

요즘은 열매를 얻기보다 4월쯤 피는 꽃과 5월 말에 붉게 달리는 열매를 보기 위해 공원이나 정원에 심는 모양이에요. 앵두나무는 크게 토종 앵두나무와 양앵두나무로 나눠요. 토종 앵두나무는 열매꼭지가 없고, 열매가 작지만 새콤달콤해요. 양앵두나무는 열매가 체리처럼 긴 꼭지에 매달리며, 토종 앵두나무보다 크고 단맛만 조금 나요.

차례상에 올린
살구

살구

살구는 생으로도 먹을 수 있지만, 정과나 떡으로 만들어 궁중 잔칫상이나 차례상에 올렸어요. 조선 궁궐에 오래 된 살구나무가 많은 까닭이에요. 덕수궁에 있는 살구나무는 400년이 넘었다고 해요. 옛날에는 지금처럼 과일을 오래 두고 먹기 어려우니 제사상에 제철 과일을 올렸어요. 과일이 나지 않는 철에는 대추나 감처럼 말리거나 살구처럼 조리해서 올렸고요.

> 목동을 붙잡고 주막이 어디냐고 물어 보았더니
> 멀리 살구꽃 핀 마을(행화촌)을 가리키네

 당나라 시인 두목이 쓴 〈청명〉이라는 시의 일부입니다. 이 시의 영향으로 주막에 살구나무를 심어 풍류를 즐겼다고 해요. 옛날 선비들은 봄에 매화와 복사꽃, 살구꽃을 보며 시를 읊조렸어요. 살구나무는 꽃이 피면 전체가 연분홍빛으로 물들어 화사한 수채화 같아요. 상큼한 향기도 많은 사람의 마음을 사로잡고요. 그러니 풍류를 아는 선비들은 시적 감흥이 절로 우러나왔을 거예요. 살구꽃이 피는 시기에 과거가 열려서, 살구꽃을 '급제화'라고도 해요.

 현대에도 고향을 그리는 글귀에 살구꽃이 종종 등장해요. 이원수 님이 지은 동시 〈고향의 봄〉이나 이호우 님의 시조 〈살구꽃 핀 마을〉에서 살구꽃은 고향을 상징하지요. 고향을 그리워하는 마음을 살구꽃으로 표현하는 이유는 살구나무가 우리나라 어느 지역에서나 잘 자라기 때문이에요. 지금은 낯익은 사람도, 살구나무도 고향에 없지만, 선생님 마음에 자리한 고향 마을은 여전히 살구꽃이 환하게 핀 꽃 대궐이에요.

 살구나무는 벚나무보다 일주일쯤 먼저 꽃이 피고, 그 기간이 4~5일로 짧아요. 옛날 사람들은 살구꽃이 피는 시기를 보아 그 해 기후를 판단했대요. 매실나무나 복사나무 잎이 녹색

살구꽃 핀 마을

살구꽃

살구나무 단풍(창덕궁)

그대로 떨어지는 것과 달리, 살구나무는 단풍도 울긋불긋 아름다워요. 봄에는 화사한 꽃으로, 여름에는 달콤한 과일로, 가을에는 아름다운 단풍으로 눈과 입을 두루 즐겁게 하니 선비들이 그토록 좋아한 모양이에요.

왕실 제사상에 올린
개암

개암나무 열매

전래 동화 《도깨비방망이》 잘 알지요? 개암을 줍느라 날이 어두워져 길을 잃은 나무꾼이 하룻밤 묵으려던 숲 속 오두막은 마침 도깨비 소굴이었어요. 도깨비들이 잔치를 벌이는 동안 벽장에 숨어 있던 나무꾼이 배가 고파 개암을 먹으려고 깨물었는데…… 그 순간, 딱! 소리에 깜짝 놀란 도깨비들이 방망이를 두고 달아났다죠?

요즘은 개암나무가 눈에 잘 띄지 않지만, 궁궐에 가면 볼 수 있어요. 종묘 제사상에 개암을 올렸기에 상징적으로 개암나무를 심었어요. 밤보다 작고 맛도 밤만 못한 열매가 달려, '개밤나무'라고 불리다가 개암나무가 됐다고 해요. 개암나무는 우리 나라 전역에 자생하고, 주로 양지바른 산기슭이나 돌밭 지대 등에서 자랍니다. 잘 익은 개암은 딱딱한 껍데기를 깨물면 도깨비들이 놀라 달아났다는 이야기가 맞다 싶게 큰 소리가 나요.

《고려도경》에 많이 나오는 과일로 개암이 꼽혀요. 《고려사》에는 "제사 지낼 때 둘째 줄에는 개암을 앞에 놓고 대추, 흰 떡, 검정 떡 차례로 놓는다"는 기록이 있어요. 《세종실록》에도 "둘째 줄에는 개암을 앞에 둔다"고 나와요. 조선 중기 학자 주세붕이 풍기 군수 시절에 백운동 서원을 세우고 관련 기록을 엮은 《죽계지》에는 "잣, 개암, 밤, 대추 가운데 알맞은 것으로 갖춘다"는 내용이 있고요.

《조선왕조실록》에 개암나무에 관한 기록이 100번 넘게 나오고, 개암은 고려 시대부터 임진왜란이 일어나기 전까지 제사상에 올릴 정도로 귀한 대접을 받았어요. 다른 나라에 특산물로 소개될 만큼 유명했는데, 더 맛있고 좋은 과일이 많아지자 밀려났지요.

개암나무 잎은 얼굴 모양에 도깨비 뿔이 달린 것처럼 생겼어요. 벌레가 싼 똥처럼 보이는 얼룩도 있는데, 햇빛을 막아 주는

개암나무 잎

개암

안토시안이라는 물질이에요. 새순에 많다가 환경에 적응하면 없어져요. 아기 때 있던 몽고점이 점점 사라지듯 말이죠.

꽃턱잎 두 장이 감싼 둥근 열매는 9월쯤 되면 갈색으로 익어요. 개암을 영어로 '헤이즐넛(hazelnut)'이라고 하는데, 헤이즐넛 커피에 넣는 개암 추출물이나 향은 서양 개암으로 토종 개암과 달라요.

제주의 중요한 진상품
감귤

금귤

'귤화위지(橘化爲枳)'라는 고사 성어가 있어요. '귤이 회수를 건너면 탱자가 된다'는 뜻이지요. 예부터 중국은 서쪽에서 동쪽으로 흐르는 회수(화이허)라는 강을 기준으로 따뜻한 남쪽과 추운 북쪽으로 나눴어요.

 정말 따뜻한 곳에서 자라던 귤나무를 추운 곳에 심으면 탱자가 열릴까요? 귤과 탱자는 유전적으로 90퍼센트 정도 일치하지만, 그럴 수는 없어요. 탱자나무는 추위에 강하나 귤나무는 따뜻한 기후에서 잘 자라기에, 과학적 지식이 없던 시절에 생긴 오해에서 비롯된 말이에요. 하지만 지금도 이 말은 '환경에 따라 사람의 성격과 행동이 달라질 수 있다'는 뜻으로 쓰여요.

우리 나라에서 언제부터 감귤을 재배했는지 정확한 기록은 없어요. 1052년(고려 문종 6) "탐라국이 해마다 바치는 귤의 양을 100포로 정하고 앞으로 정해진 제도로 삼는다"는 기록으로 보아, 그 이전부터 제주도에서 귤을 재배했다는 걸 짐작할 수 있습니다.

감귤은 조선 시대에도 중요한 진상품이었어요. 《임원경제지》에 남쪽 지방의 진귀한 과일인 감귤과 유자를 진상하게 했다는 기록이 있어요. 공물로 받은 감귤은 왕실 제사상에 올리고, 외국 사신에게 선물하거나 신하에게 학문을 장려하고 화합을 꾀하기 위한 하사품으로 썼대요.

제주 감귤이 조정에 도착하면 황감제를 치렀어요. 황감제는 '황금빛 감귤 과거'라는 뜻으로, 1564년(명종 19) 이래 300년 동안 이어졌어요. 제주 백성은 이 귀한 감귤 때문에 오히려 힘들게 살았어요. 감귤은 9월부터 이듬해 2월까지 열흘 간격으로 아주 많은 양을 진상했고, 제주 관리들이 조정 권세가에게 뇌물로 바치기 위해 수탈을 일삼았기 때문이에요. 진상 제도가 폐지될 무렵에는 징글징글하게 고통을 준 감귤을 재배하지 않으려고 해서 점점 재배 농가가 사라졌대요.

귤 꽃

온주 밀감

요즘 널리 재배하고 우리가 먹는 귤은 대부분 온주 밀감이에요. 1902년 프랑스인 에밀 타케(한국 이름 엄택기) 신부가 온주 밀감을 들여 와 심었어요. 온주 밀감은 원산지가 중국 온주(원저우) 지방으로, 일본에서 개량한 품종이에요. 당시 헐벗고 굶주린 제주 백성을 위해 들여 왔는데, 오늘날 감귤 산업이 성장하는 기반이 됐다고 하니 참으로 고마운 분이지요?

신과 사람을 이어 주는
향나무

향나무(태릉)

 향기 나는 나무라서 향나무입니다. 식물은 보통 꽃이나 잎, 열매에서 향이 나는데, 향나무는 나무 자체에서 향이 나요. 특히 나무 속 한가운데(심재)에서 나는 향이 강해요.
 옛날에는 각종 제사나 불교 의식에 향나무를 얇게 깎아서 향로에 넣고 불을 붙여 향을 피웠어요. 우리 조상은 향내가 부정한 것을 쫓고 정신을 맑혀 신과 통하게 한다고 생각했거든요. 향이 제사에 가장 중요한 요소가 되면서 궁궐이나 사대부 집의 정원, 절, 때로는 왕릉에서도 향나무를 볼 수 있어요. 불교를 숭상한 고려 시대에는 향나무를 땅 속에 묻고 미륵불이 오기를 기원하며 비석을 세우기도 했대요.

우리 나라에서 언제부터 향을 피웠을까요? 신라 눌지왕 때 중국에서 사신을 보내 향을 처음 전했어요. 향의 이름과 사용법을 몰라 수소문하니 고구려 승려 묵호자가 찾아와 "이것은 향입니다. 태우면 좋은 향기가 나서 신성한 곳까지 이릅니다. 향을 태우면서 소원을 빌면 반드시 이룰 것입니다"라고 말했대요. 삼국 시대 중국에서 불교가 들어오면서 향을 피운 것을 알 수 있어요.

향나무는 종교 행사에 썼을 뿐만 아니라, 부정한 기운을 없애고 정신을 맑게 한다고 여겼어요. 사대부는 몸과 마음을 갈고 닦기 위해 명상할 때 향을 피우고, 향 담은 주머니를 옆구리에 차고 다니기도 했어요. 향나무는 시간이 지날수록 향이 깊어져요. 나무를 베어 말려도 계속 은은한 향이 나서 오래 된 향나무를 베어 가는 사람이 많았다고 해요.

상수도가 없던 시절에는 동네마다 우물을 공동으로 사용했어요. 이 우물가에 향나무를 심기도 했죠. 향나무는 살충, 살균 효과가 있어서 물을 맑고 깨끗하게 한다고 생각했거든요.

《양화소록》에 노송이나 만년송의 정체가 불분명한 것으로 보아, 예전에는 소나무와 향나무를 엄격하게 나누지 않은 모양

눈향나무

뚝향나무(덕수궁)

나사백

연필향나무

이에요. 요즘은 소나무는 소나무과, 향나무는 측백나무과로 확실하게 구분해요. 향나무도 소나무처럼 그늘을 아주 싫어하고, 햇볕만 있으면 바람이 불고 물이 별로 없어도 잘 자라요.

향나무 종류는 여러 가지입니다. 줄기가 비스듬히 누우며 자라는 눈향나무(누운 향나무), 섬이나 바닷가에서 자라는 섬향나무, 우물가에 주로 심는 뚝향나무, 순천 송광사의 곱향나무, 연필 재료나 화장품 향료로 미국에서 도입한 연필향나무, 일본에서 들여 와 조경수로 심는 나사백(가이즈카향나무)이 있어요.

귀신을 쫓는
복사나무

복숭아

'귀신에 복숭아나무 방망이'라는 말을 들어 봤나요? 나쁜 기운을 몰아 내고 귀신을 쫓아 내는 도구로 복사나무 가지를 사용한 데서 나온 속담이에요. 굿을 할 때도 복사나무로 귀신을 쫓았고, 부적을 찍는 도장을 복사나무로 만들었어요.

국어사전은 복사나무와 복숭아나무 둘 다 표준어로 하지만, 국가표준식물목록에는 복사나무가 올라 있어요. 복사나무는 꽃을 보고, 복숭아나무는 열매를 보고 부르는 이름이에요.

《조선왕조실록》에 복사나무와 측백나무 잎, 백지라는 한약재 등을 가루로 만들어 끓인 물로 목욕을 하면 전염병에 효능이 있고, 연산군은 해마다 3월과 8월에 복사나무로 만든 칼과 판자를 써서 전염병 귀신을 쫓았다는 기록이 있습니다.

우리 조상은 복숭아가 귀신을 쫓는 과일이라 여겨 제사상에 올리지 않았어요. 조상신이 찾아왔을 때 복사나무가 있으면 집 안으로 들어오지 못한다고 믿어, 집 앞에 복사나무를 심지 않았고요. 대신 복숭아 도(桃)와 달아날 도(逃) 자의 음이 같아서 집 뒤에 심었대요. 집으로 들어온 나쁜 기운이 달아나라고요.

그렇다고 해서 조상들이 복사나무를 싫어한 것은 아니에요. '복사꽃 피는 마을'을 한자로 도화동이라고 해요. 도화동, 도화리 등 복숭아와 관련된 지명이 많은 것으로 보아 우리와 친근했음을 알 수 있어요. 꽃 피는 기간이 짧아 아름다움을 자랑하고 쉽게 사라지는 간사스러운 꽃이라고 하면서도 미인의 아름다움을 복사꽃에 비유했지요. 싫어하는 척했지만, 연분홍빛으로 화사하게 피어나는 꽃과 은은한 향기에 저절로 이끌릴 수밖에 없었을 것 같아요.

복사나무는 3년이면 열매를 맺고, 5년이면 무성하고, 7년이면 늙고, 10년이면 죽을 정도로 수명이 짧아요. 대신 복사나무를 땅 가까이에서 베면 그루터기에서 새 나무가 나와 대대손손 살아 남아요.

복사꽃

복사나무

산복사나무 꽃

개복숭아

산복사나무는 꽃이 아름답고, 꽃 피는 시기가 빨라서 공원이나 정원에 많이 심어요. '개복숭아'라고도 하는 산복사나무 열매는 작지만, 섬유질이 풍부하고 약효가 뛰어나 찾는 사람이 많아요. 동박삭이 훔쳐 먹고 18만 년을 살았다는 설화와 손오공이 복숭아를 몰래 따 먹고 오래오래 살았다는 믿기지 않는 이야기 때문인지 복숭아는 장수 과일로 알려졌어요.

우리 문화가 담긴
꽃과 나무

펴낸날	2025년 8월 22일 초판 1쇄
지은이	양경말 김이은
펴낸이	정우진 강진영 김지영
꾸민이	Moon&Park(dacida@hanmail.net)
펴낸곳	서울 마포구 토정로 222 한국출판콘텐츠센터 420호 도서출판 황소걸음
편집부	(02)3272-8863
영업부	(02)3272-8865
팩 스	(02)717-7725
이메일	bullsbook@hanmail.net / bullsbook@naver.com
등 록	제22-243호(2000년 9월 18일)
ISBN	979-11-7446-001-1 73480

황소걸음
Slow&Steady

ⓒ 양경말 · 김이은, 2025

이 책의 내용을 저작권자의 허락 없이 복제 · 복사 · 인용 · 전재하는 행위는 법으로 금지되어 있습니다.